Libro Antistress da colorare

MANDALA

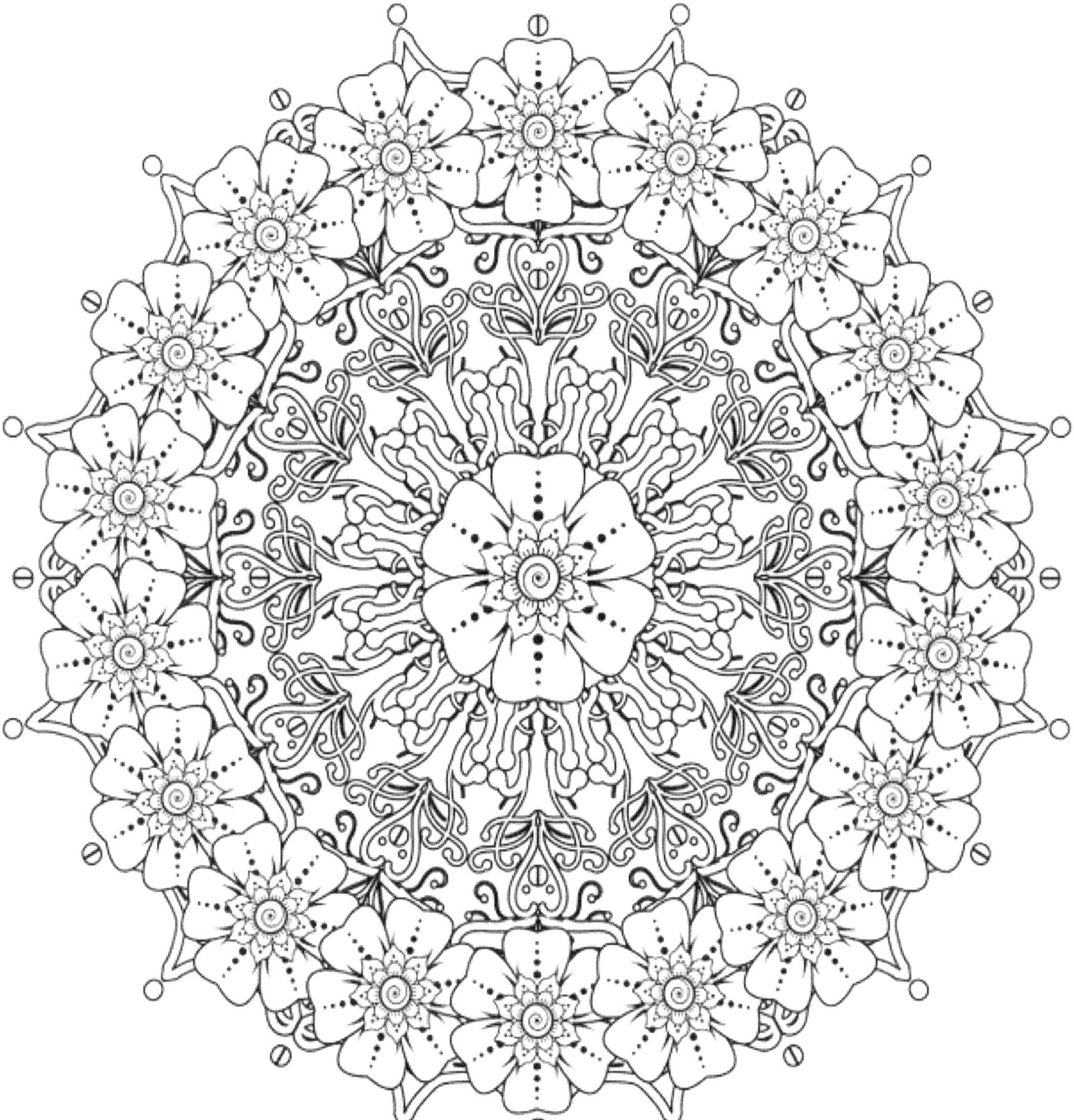

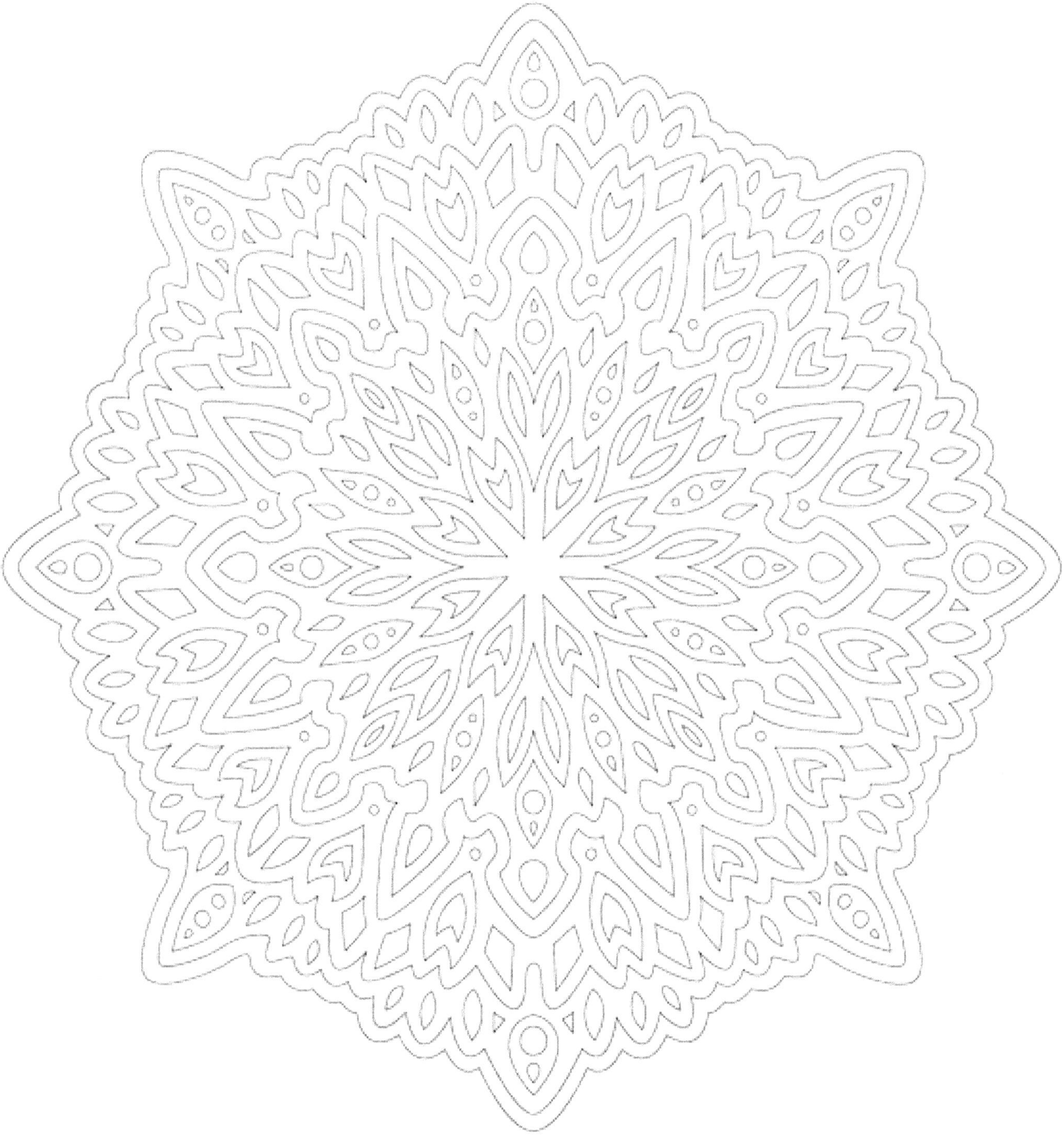

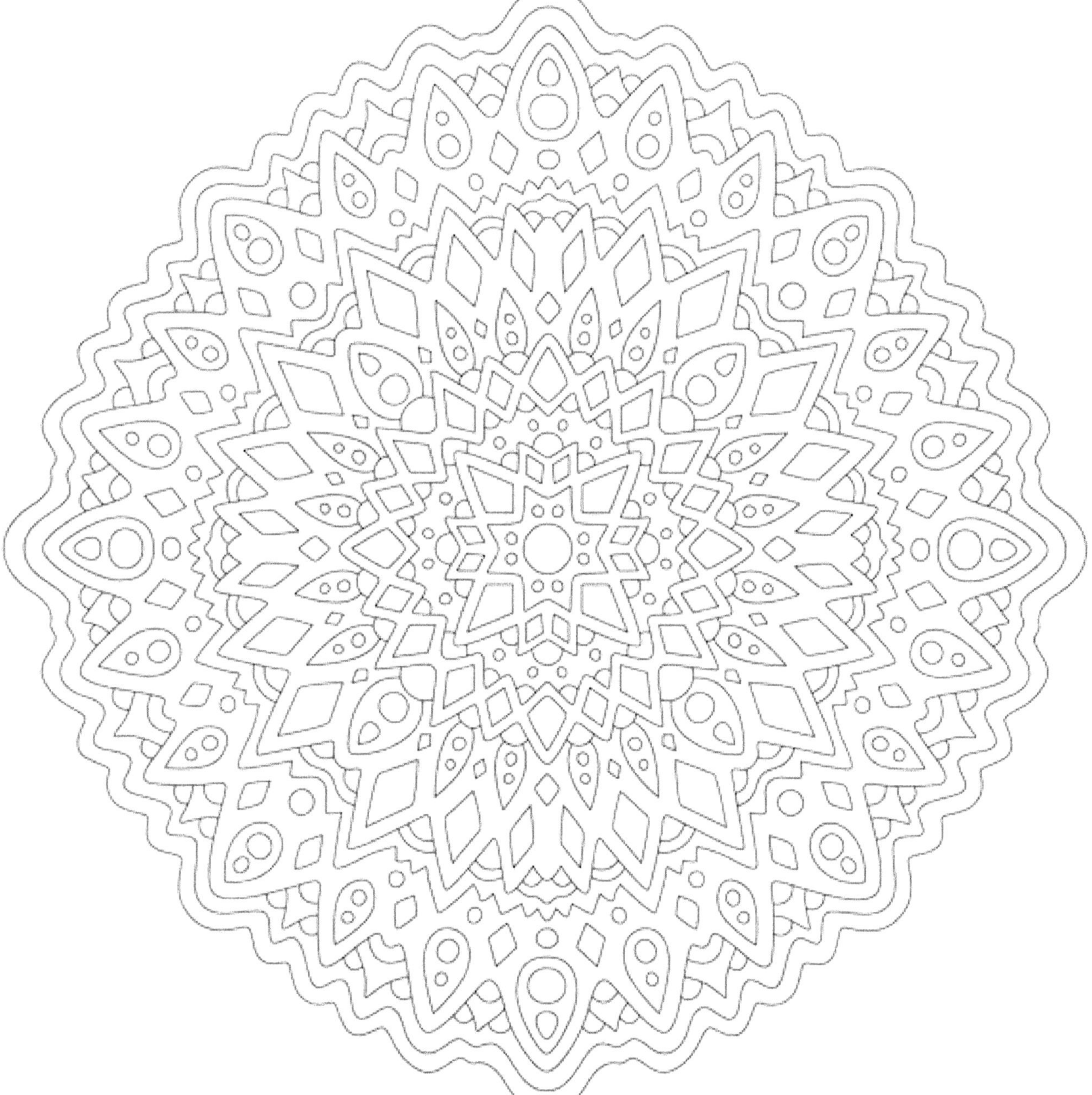

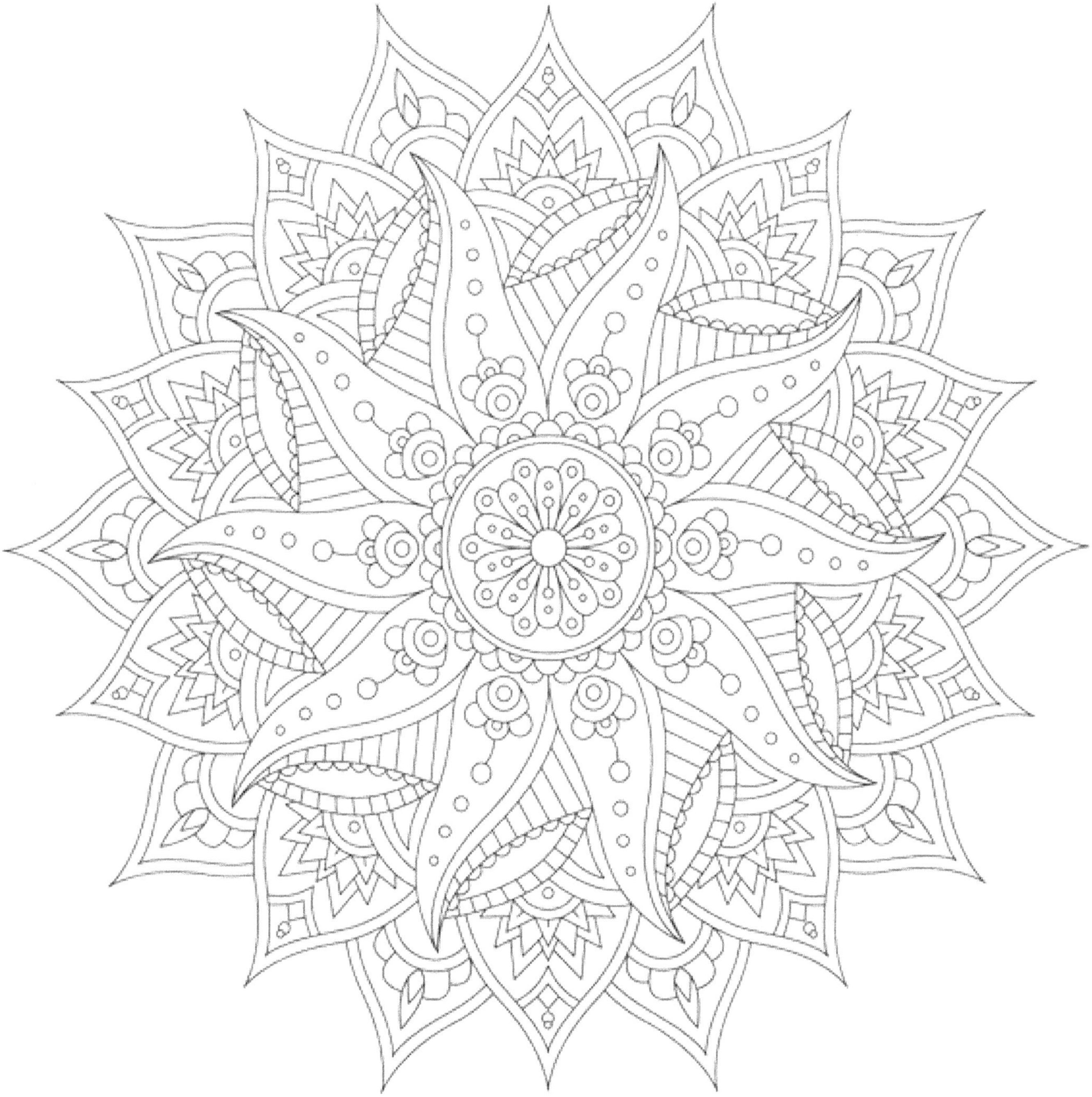

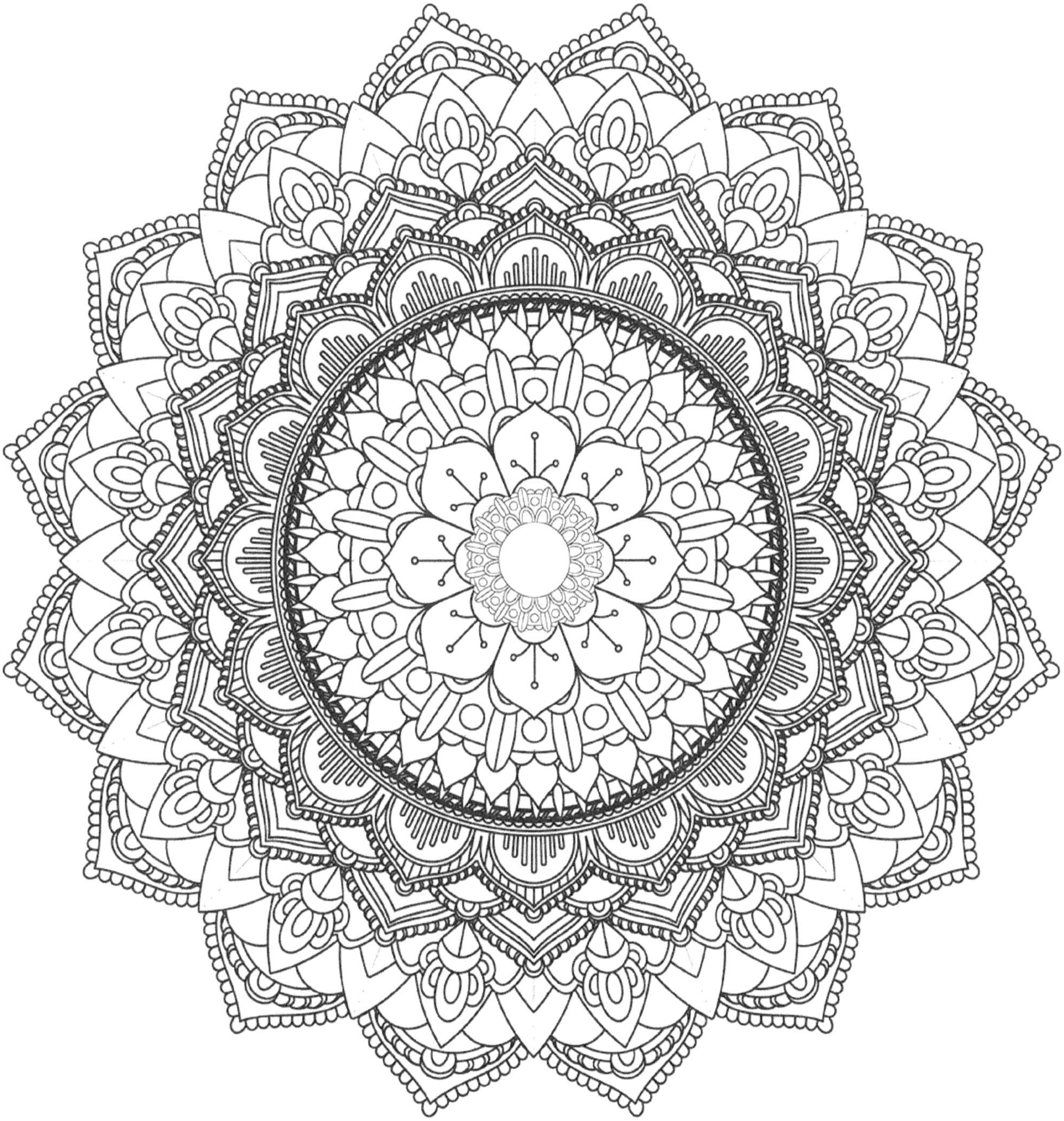

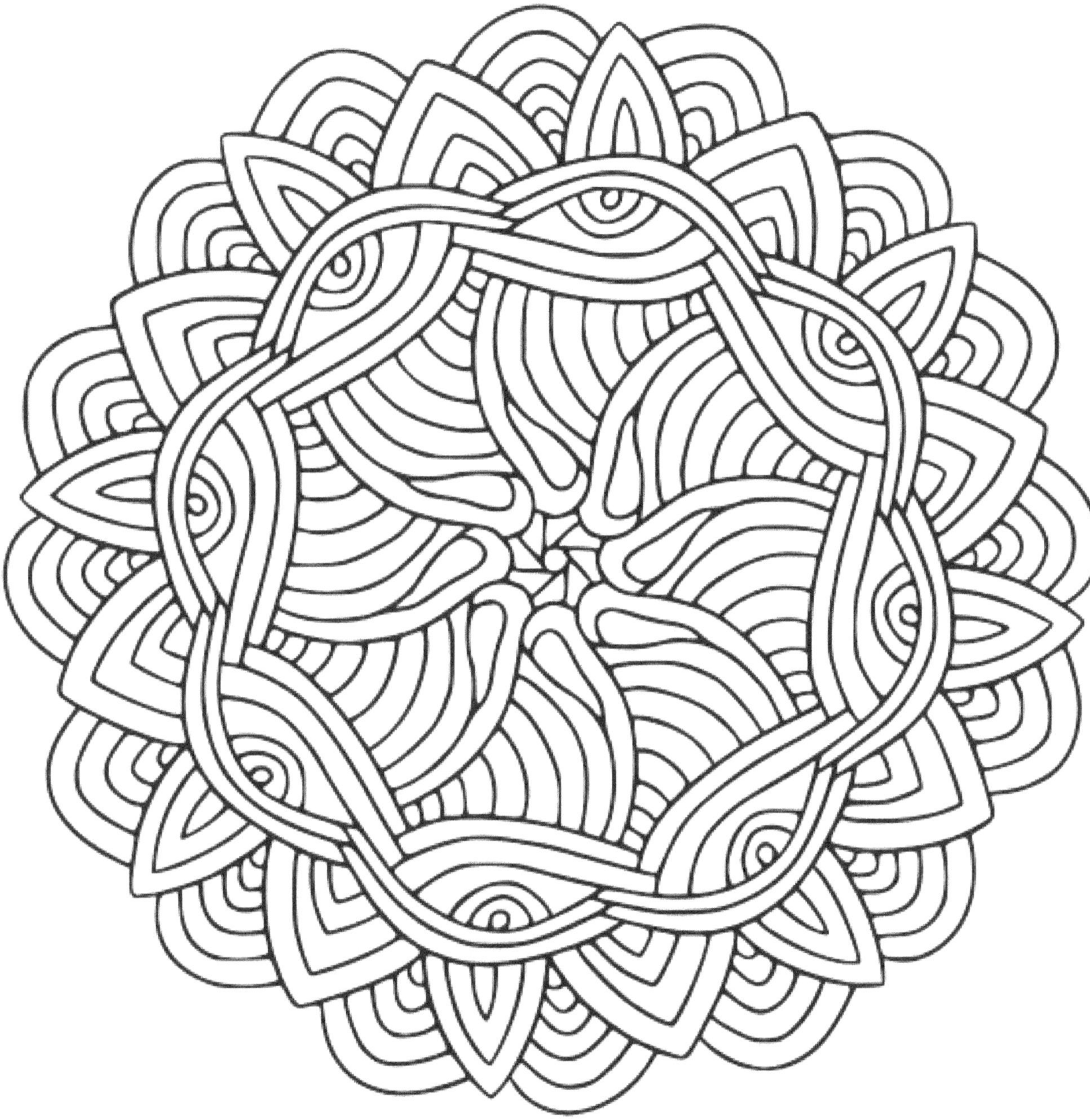

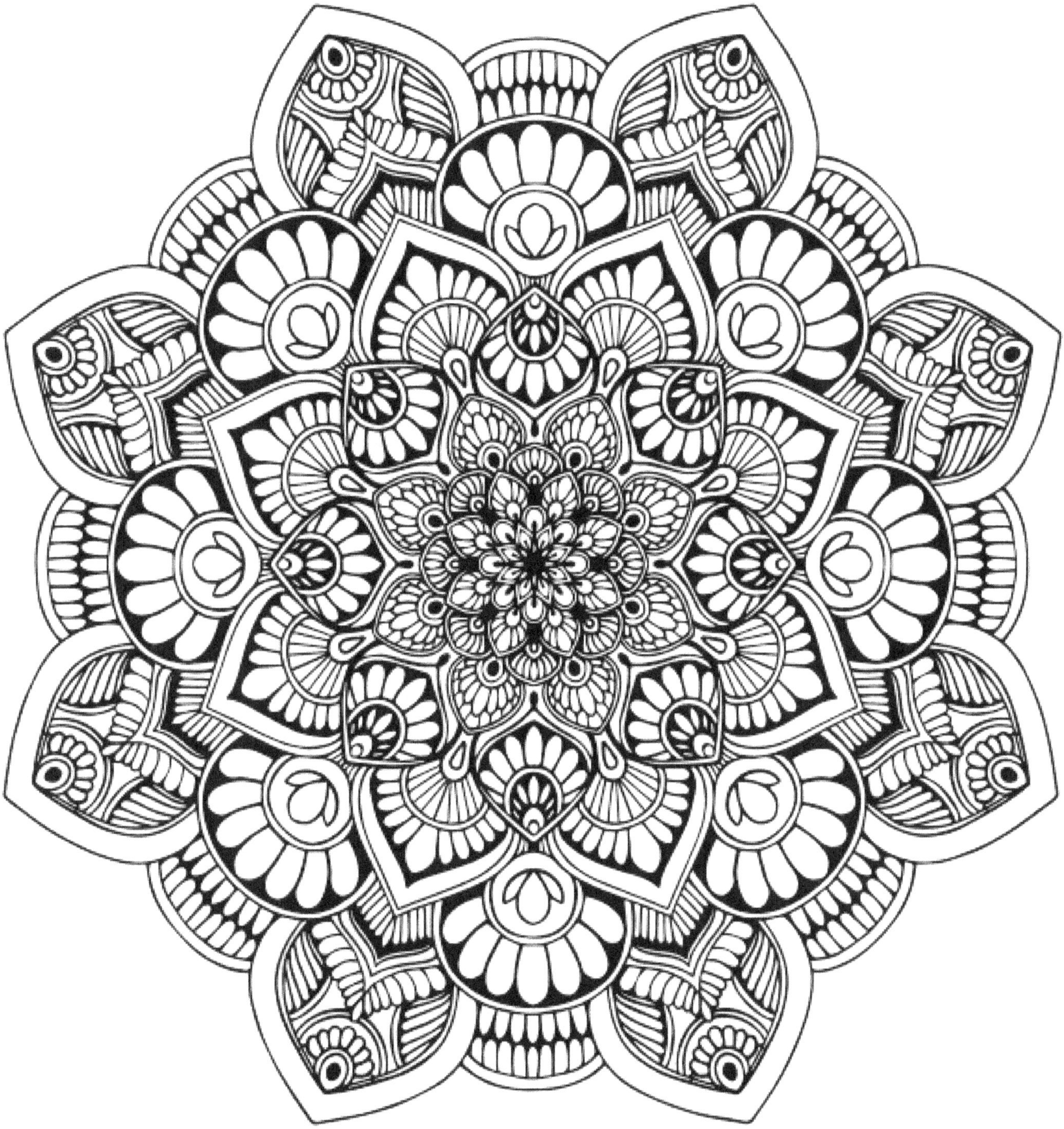

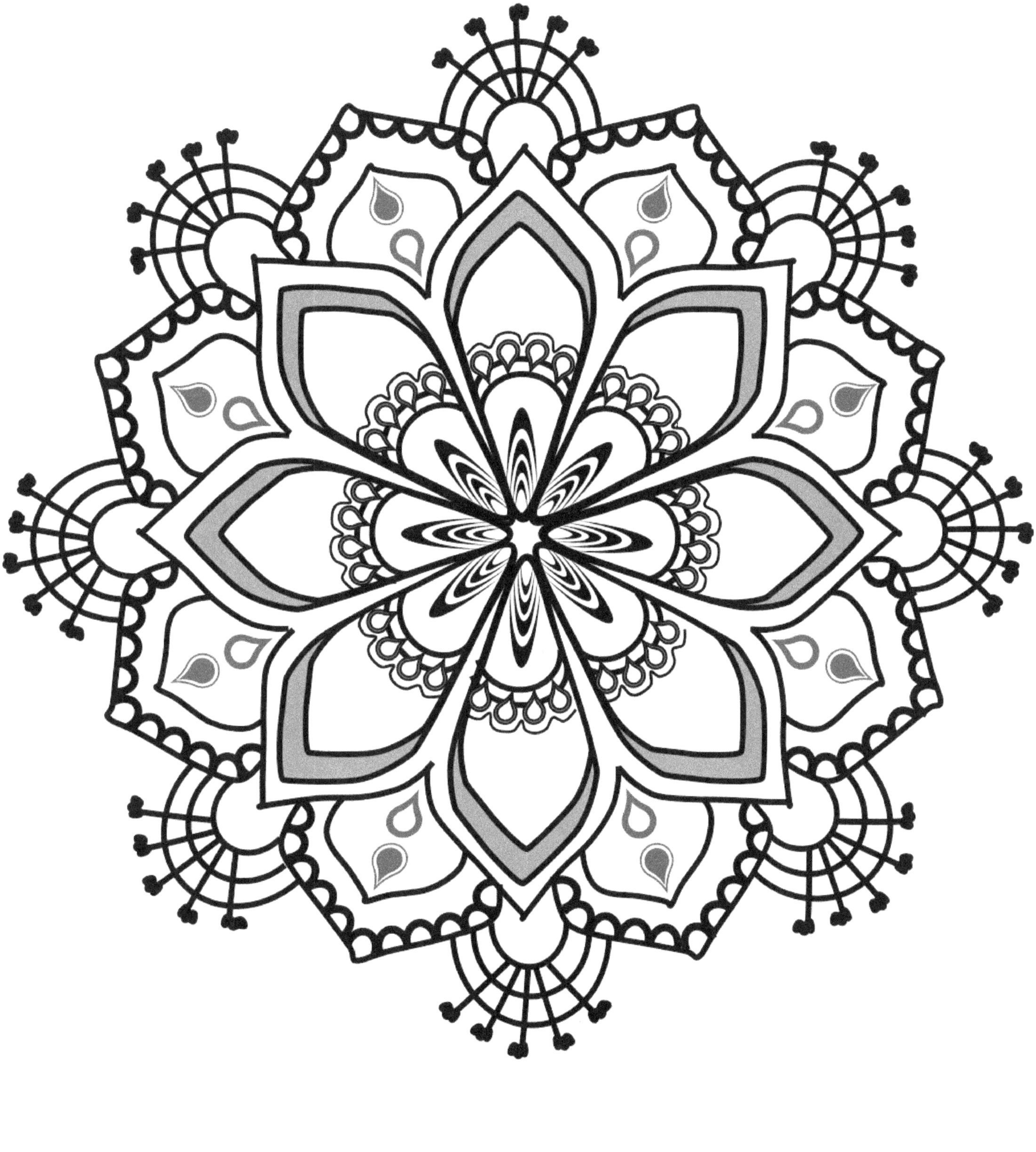

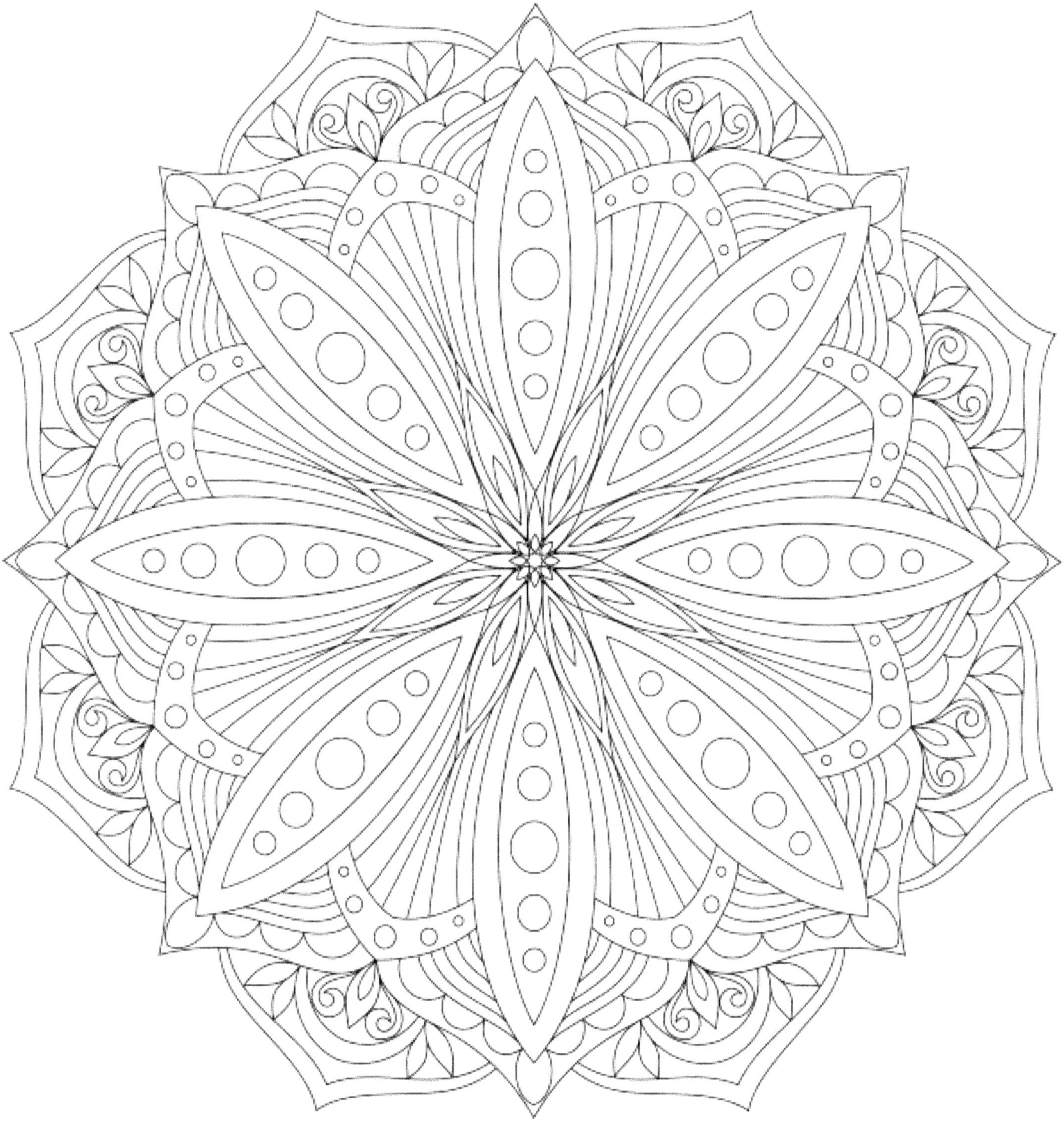

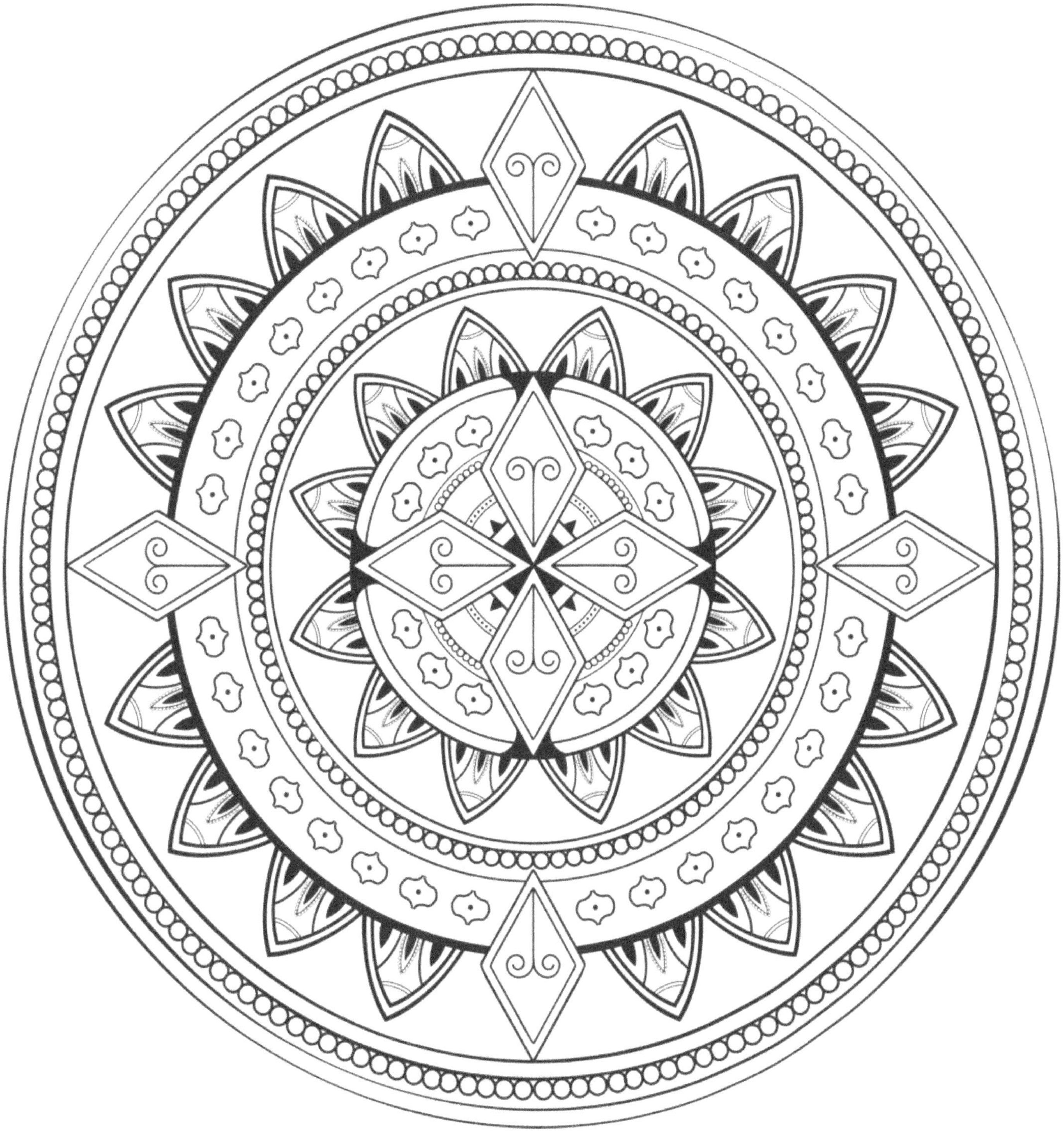

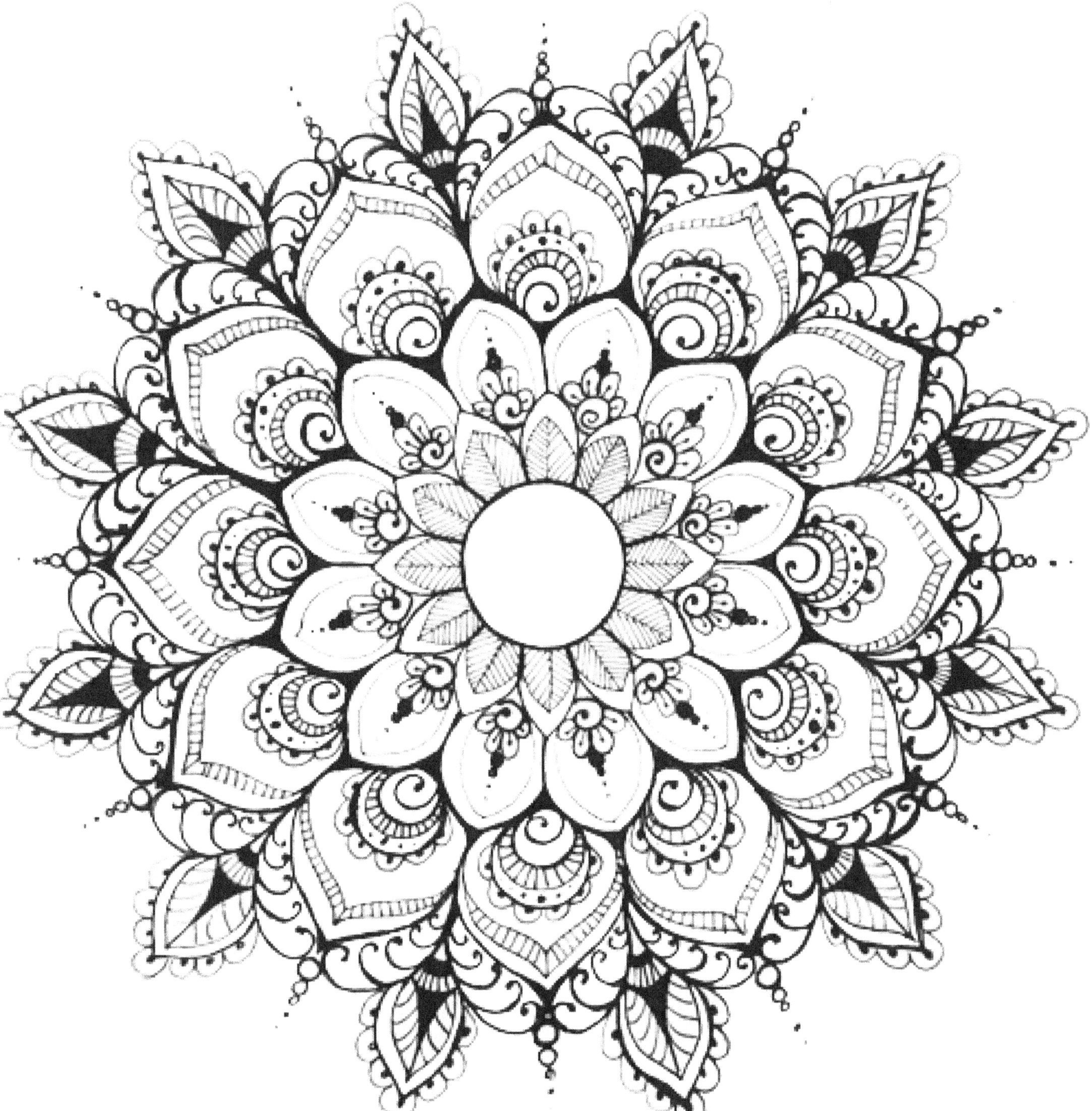

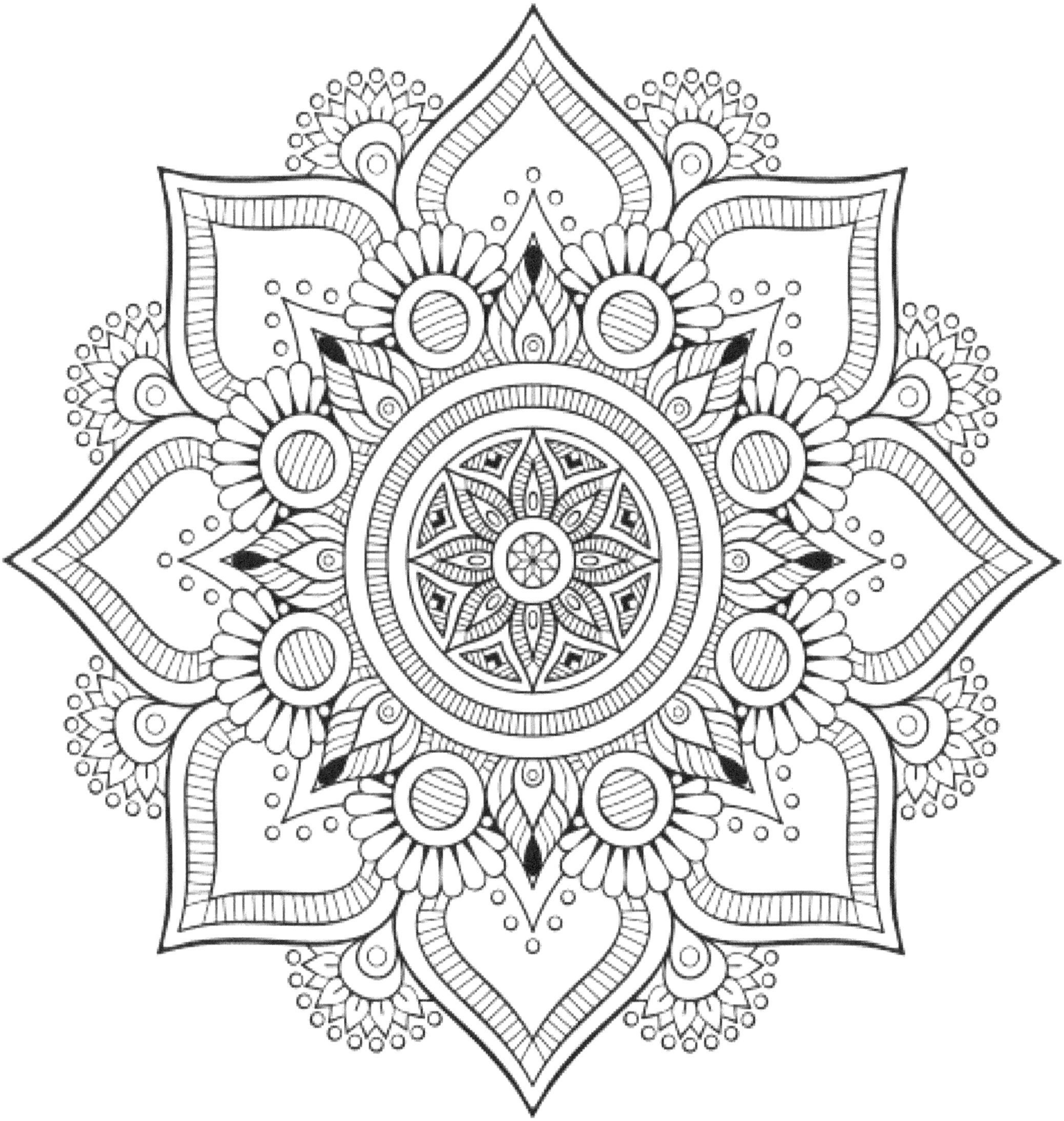

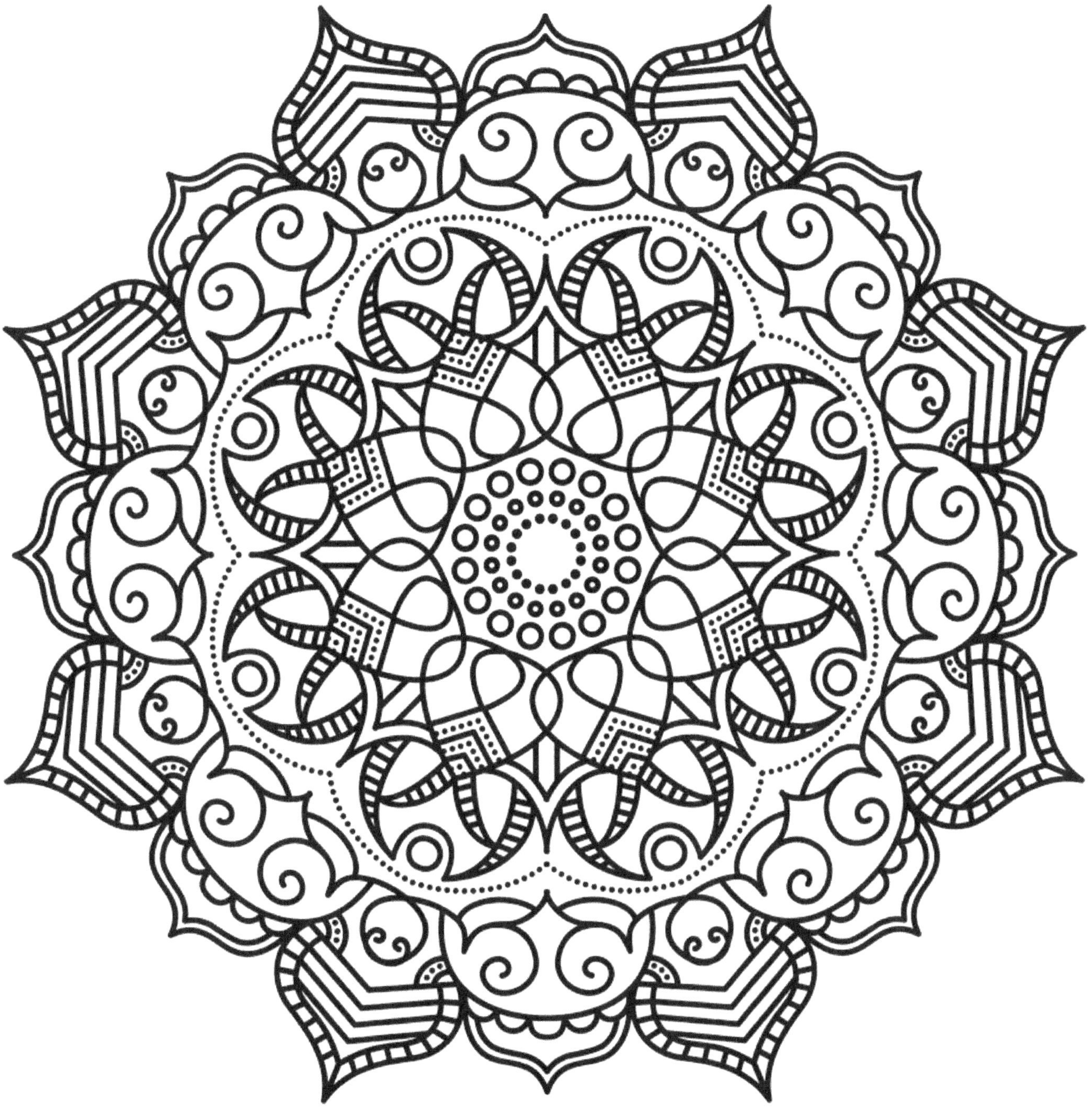

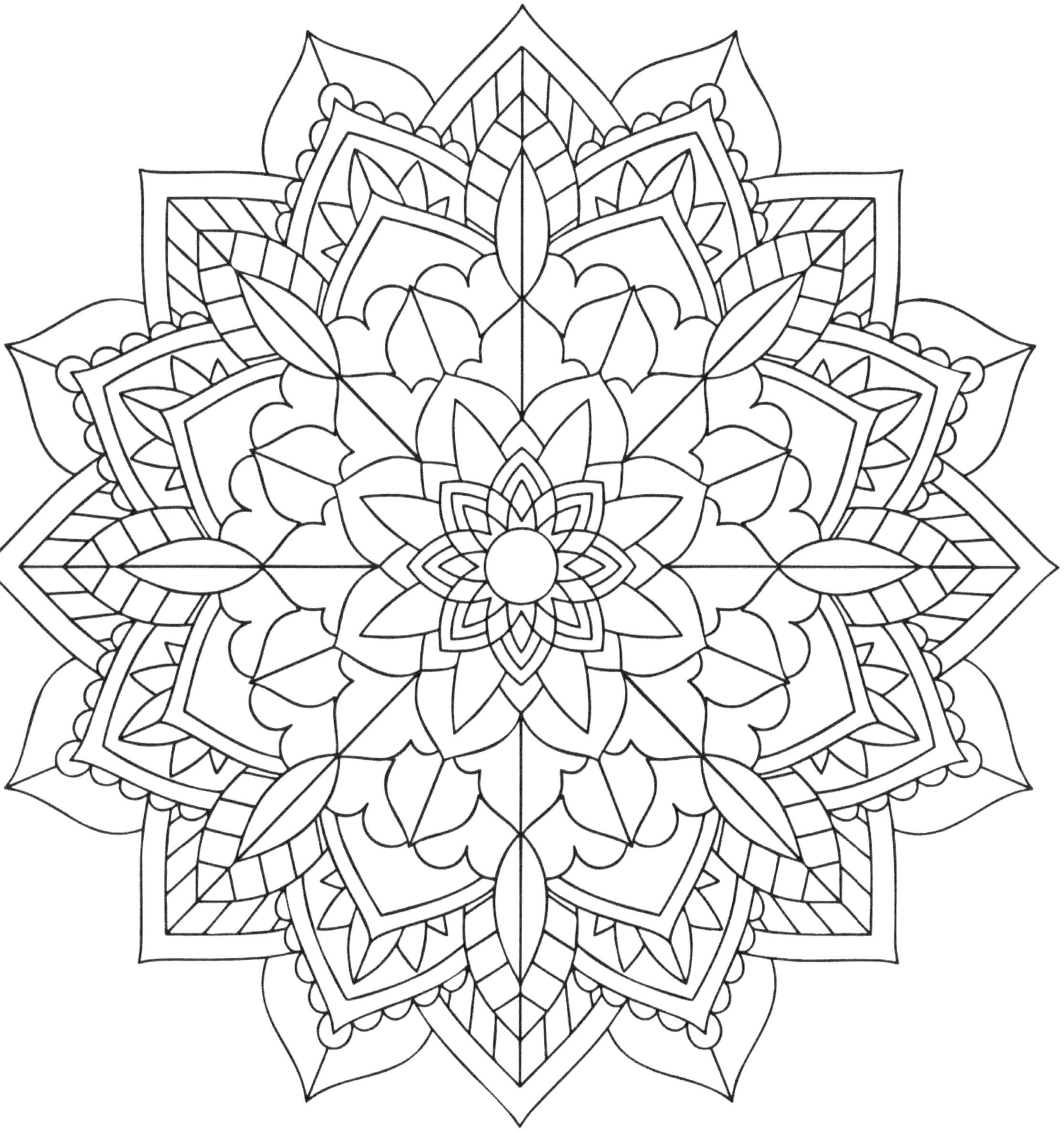

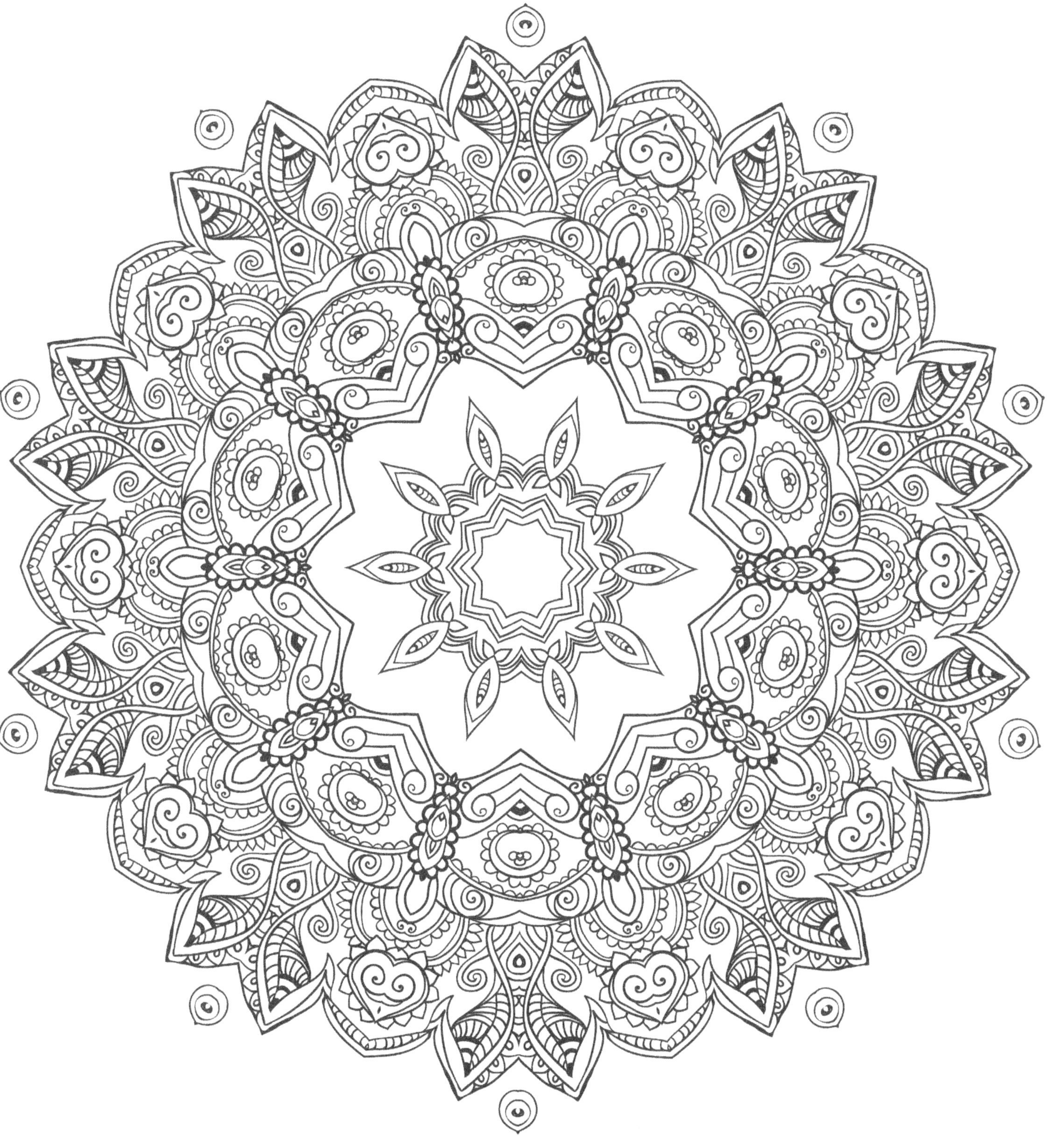

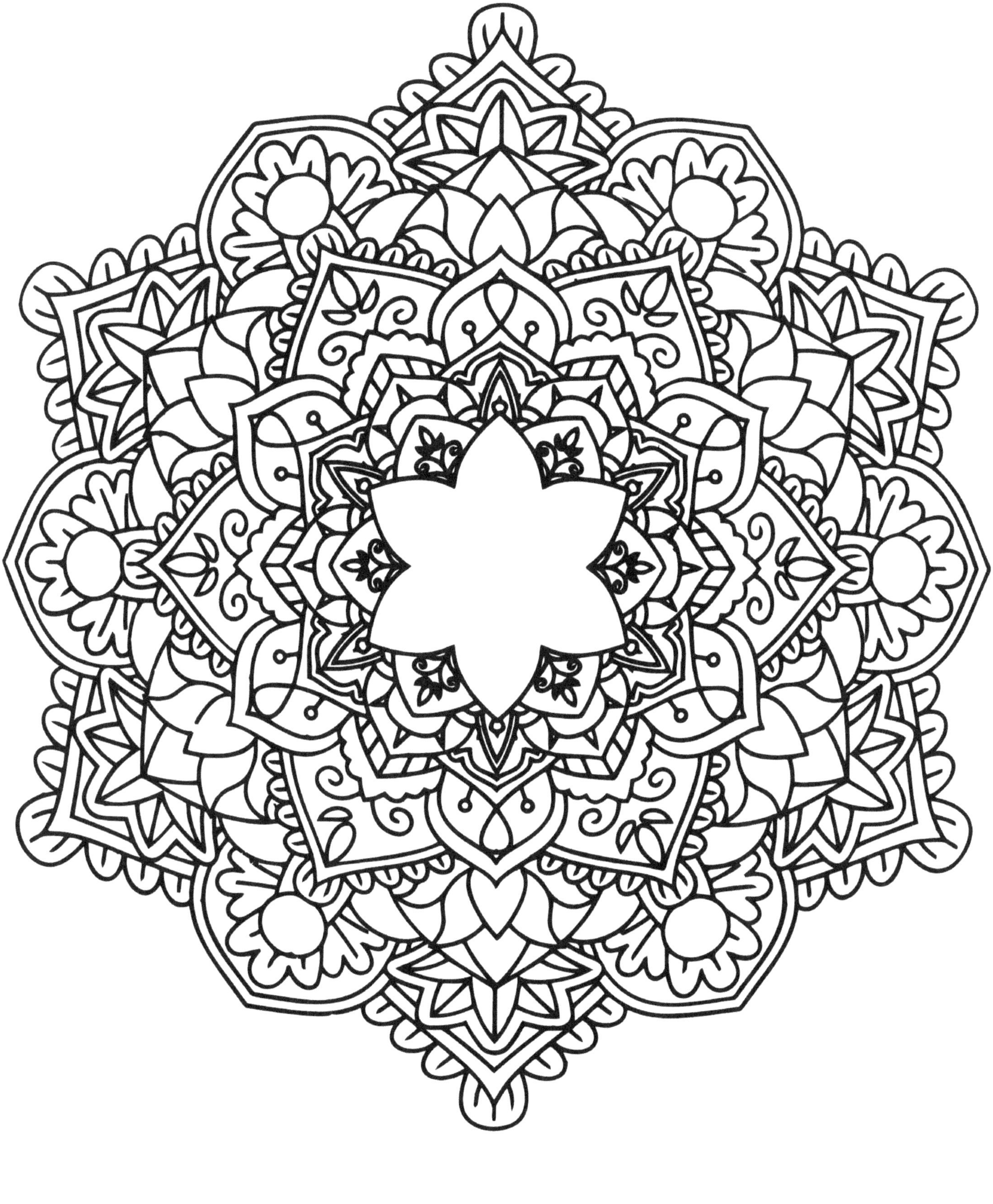

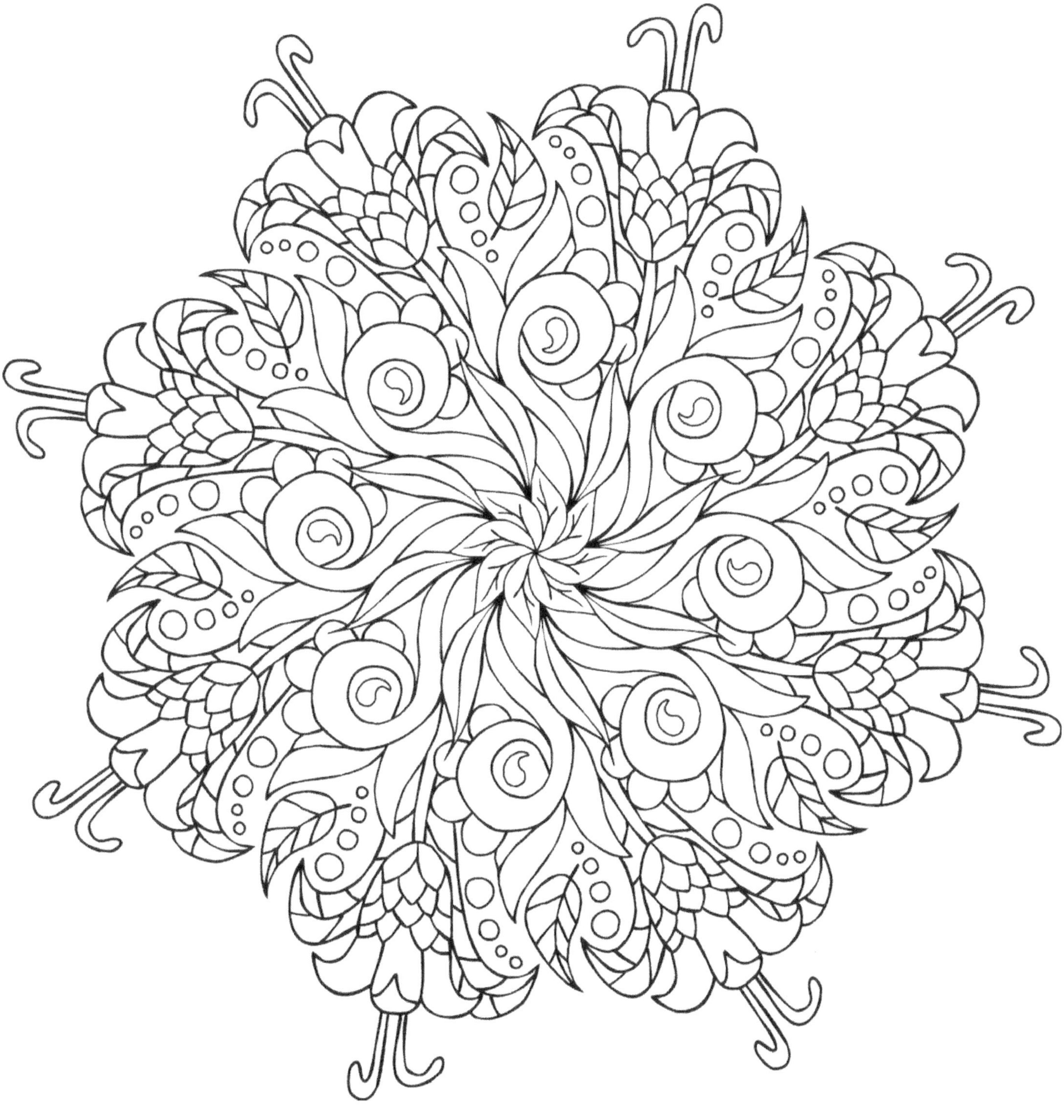

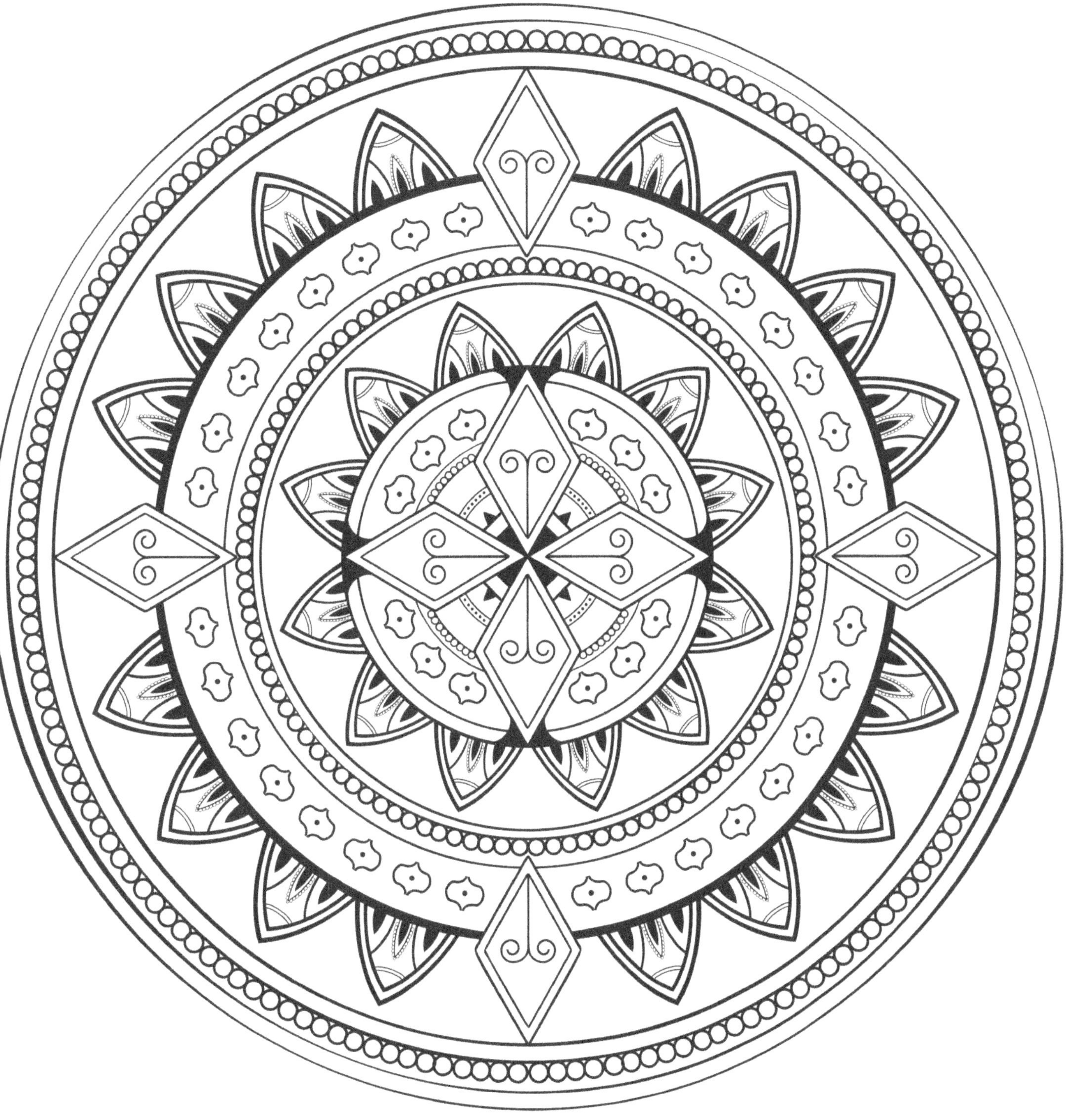

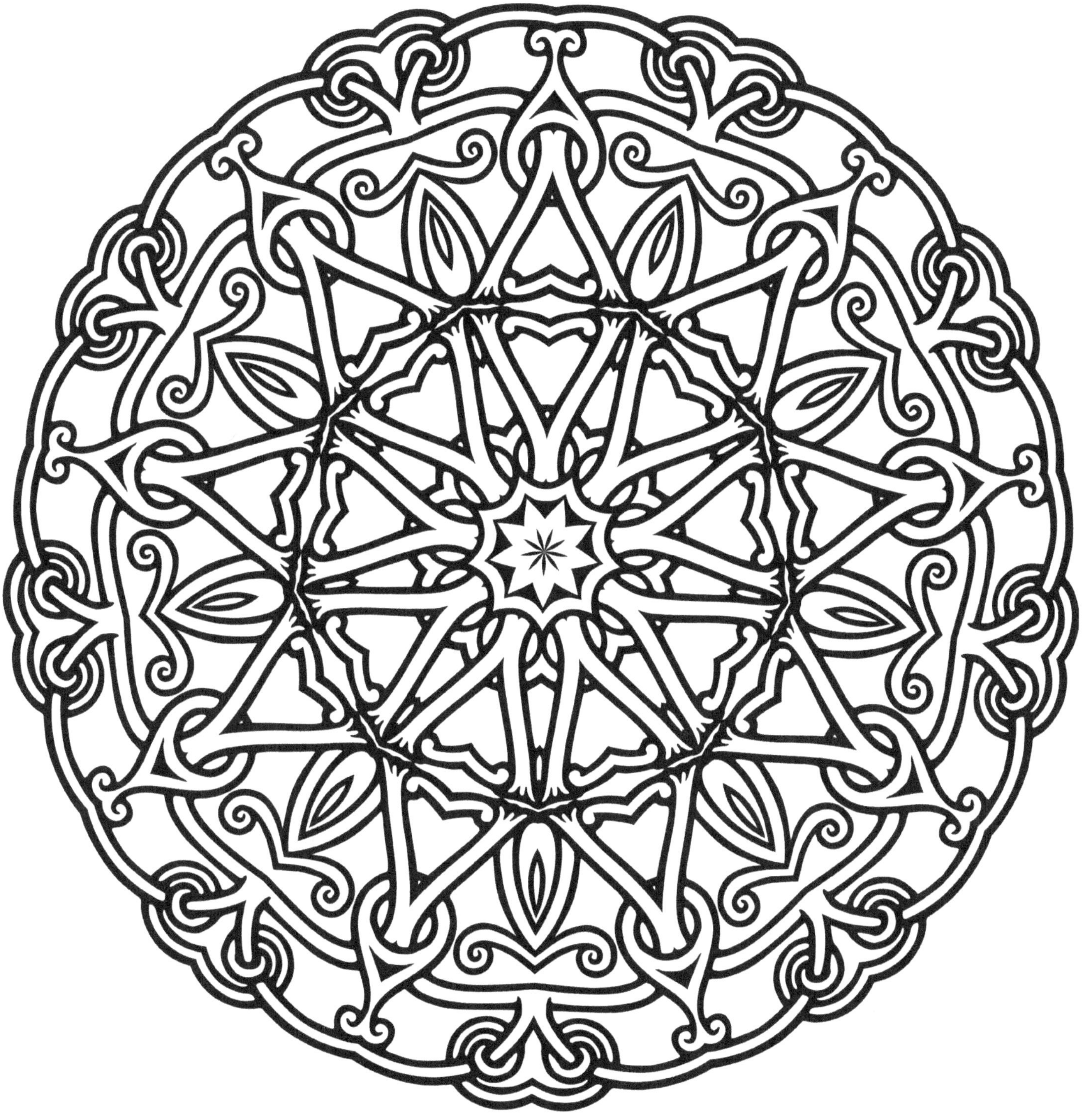

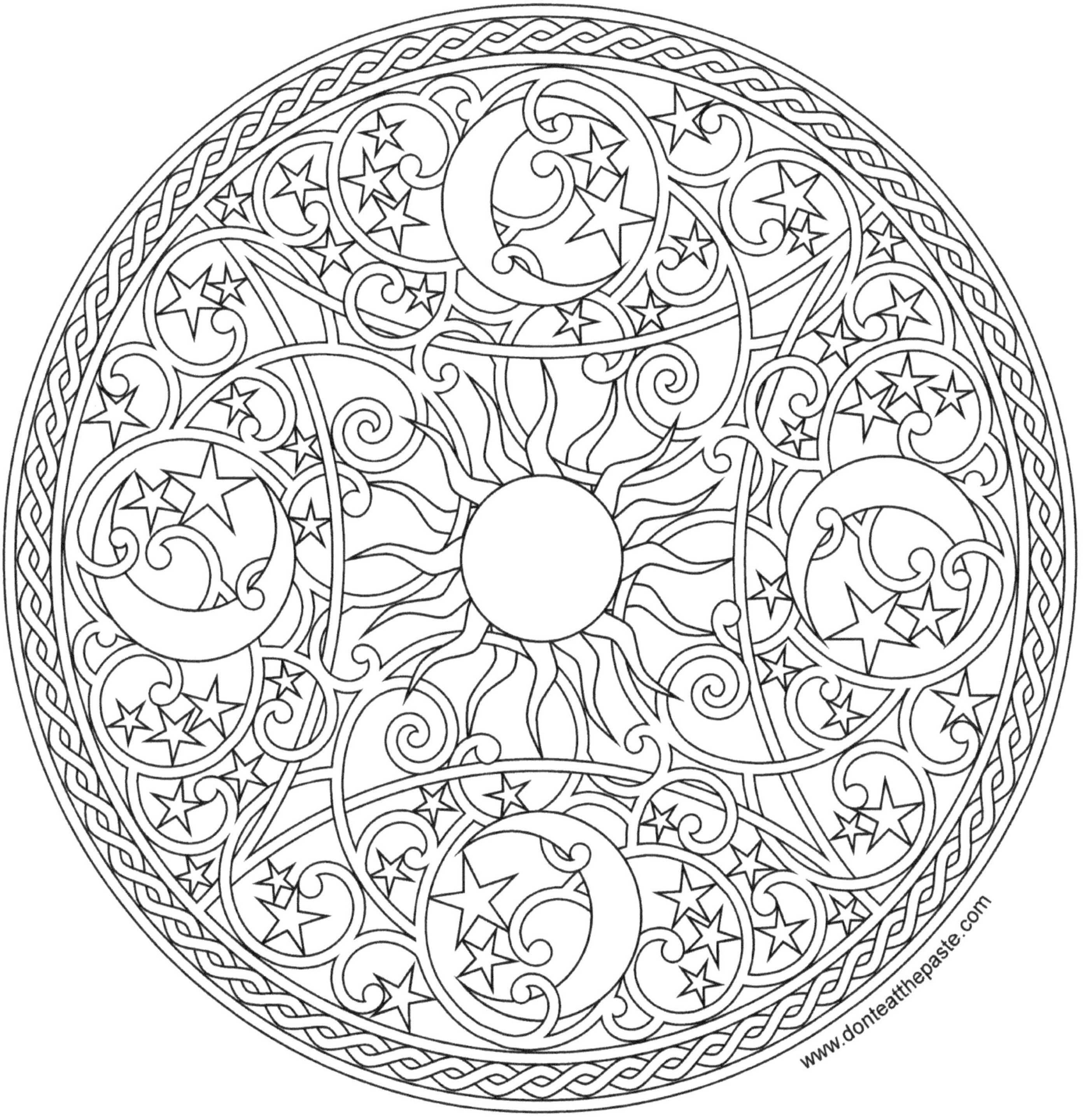
www.donteatthepaste.com

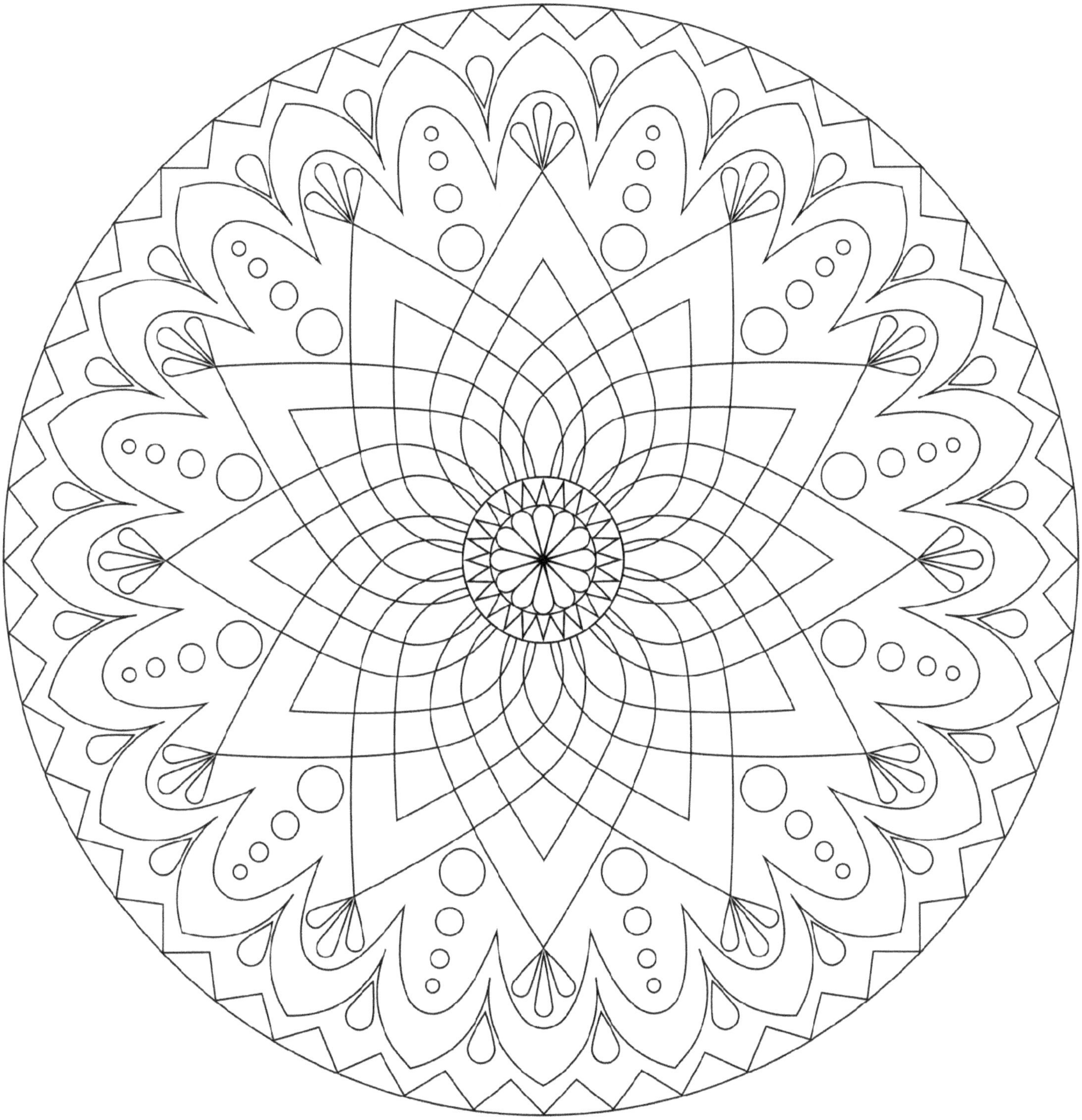

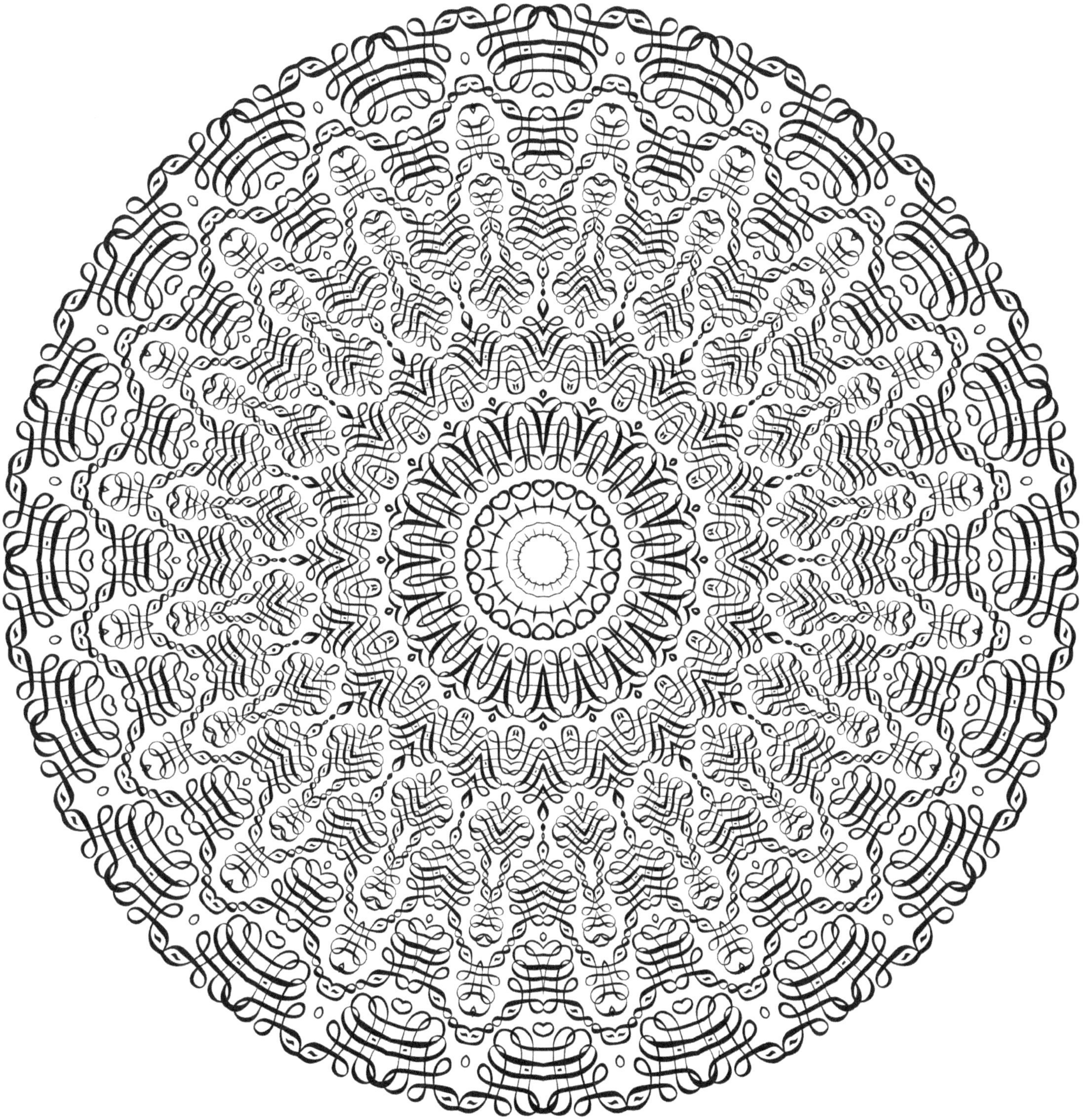

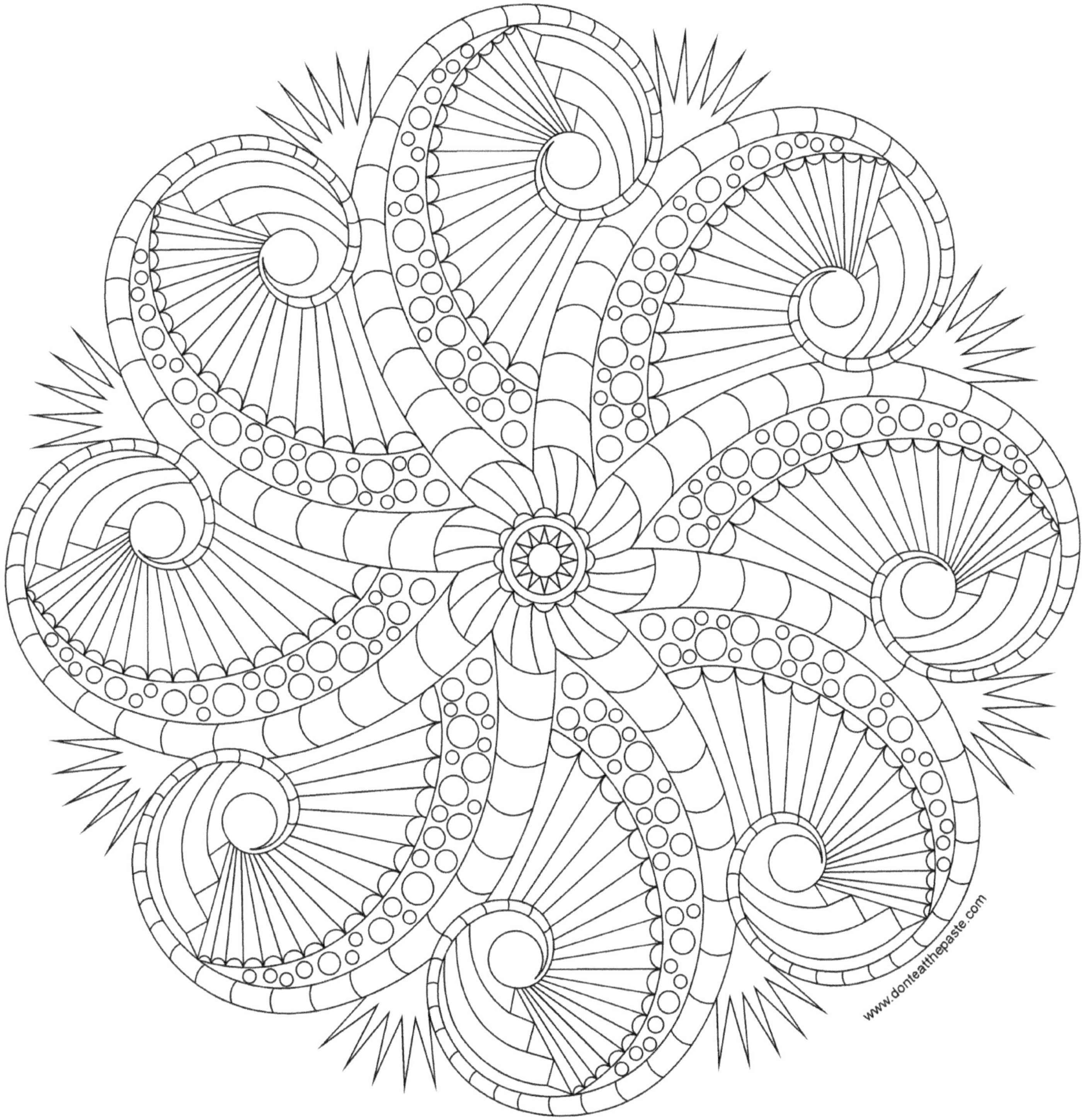
www.donteatthepaste.com

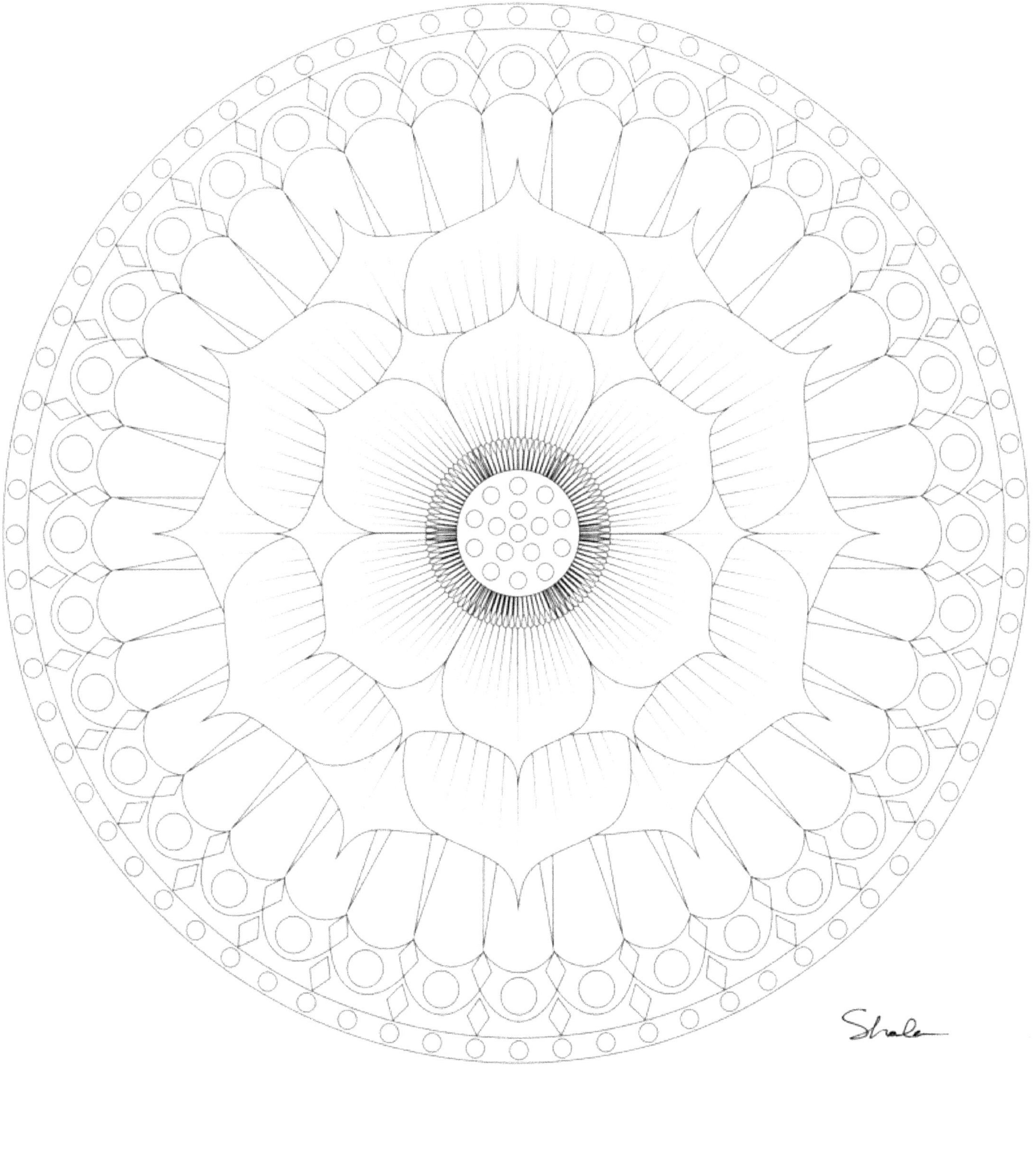
Shala

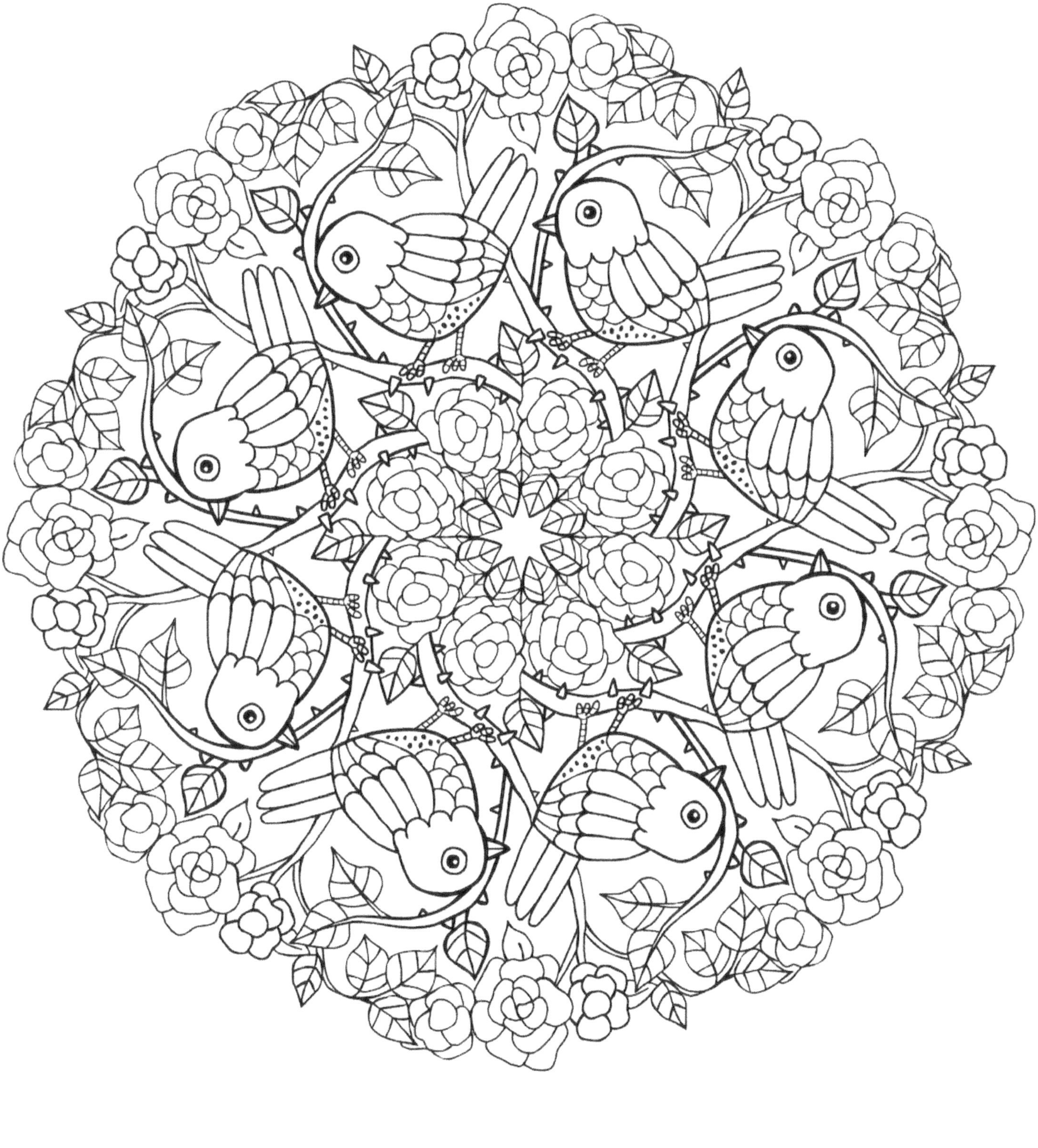

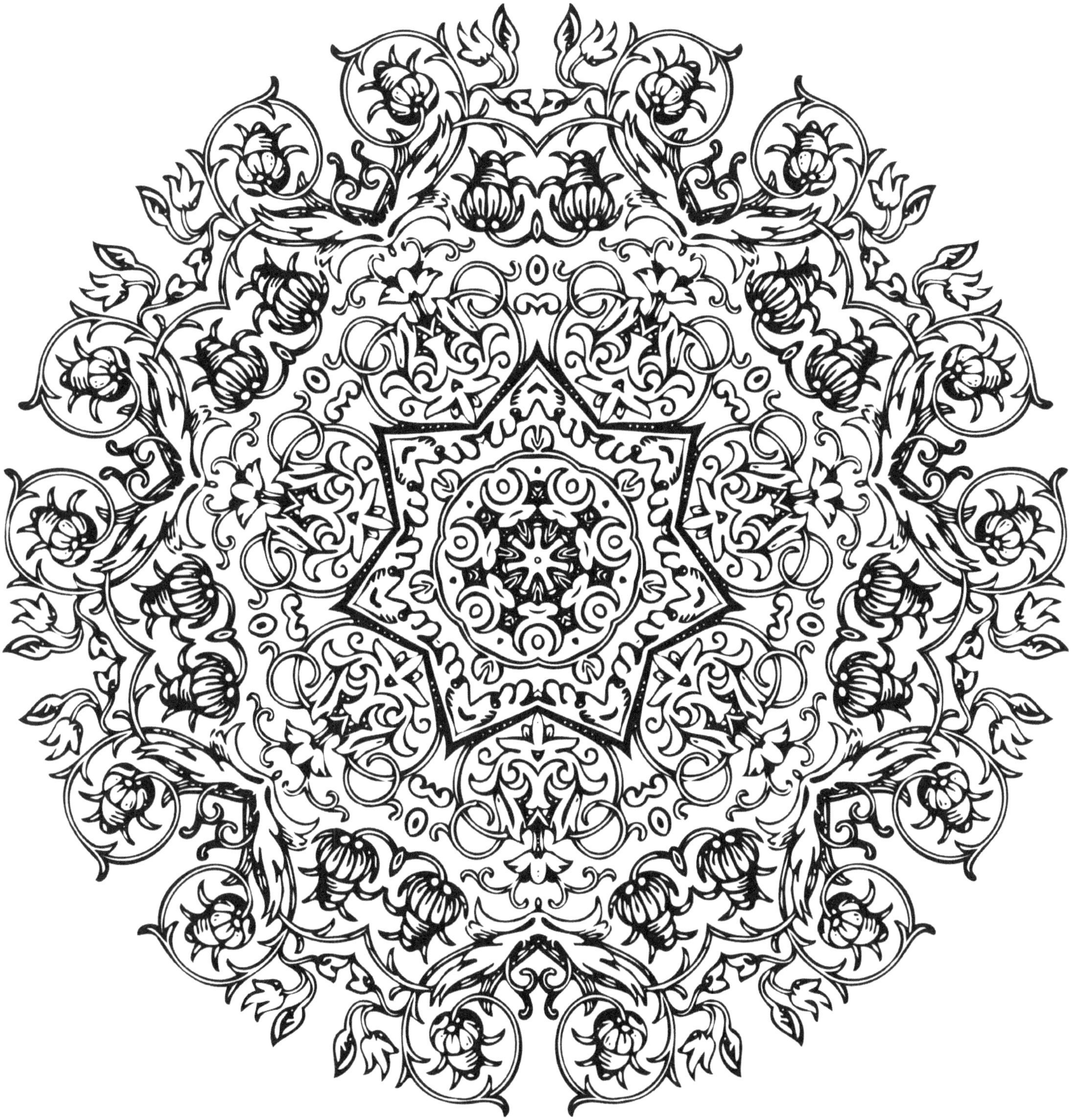

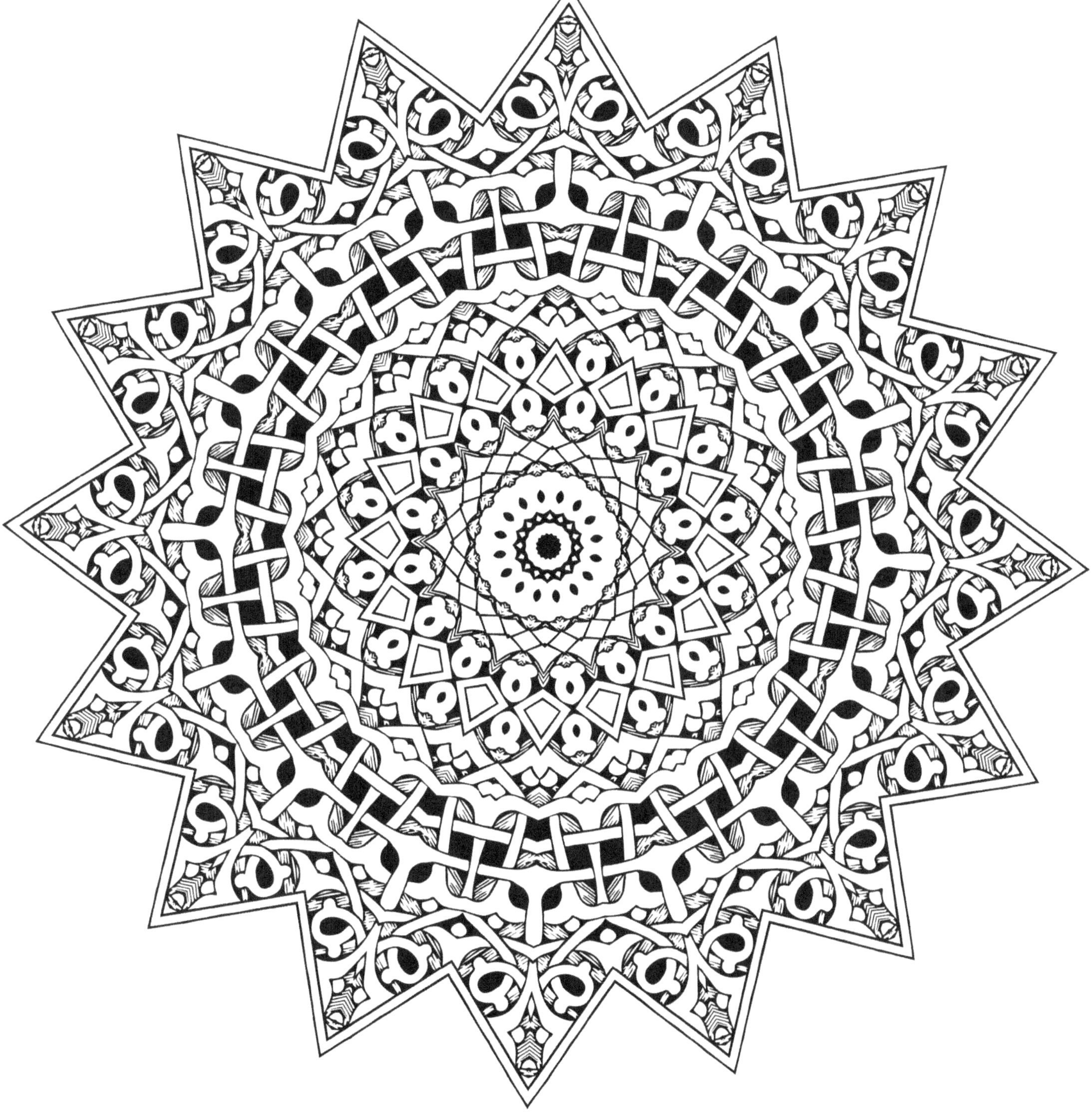

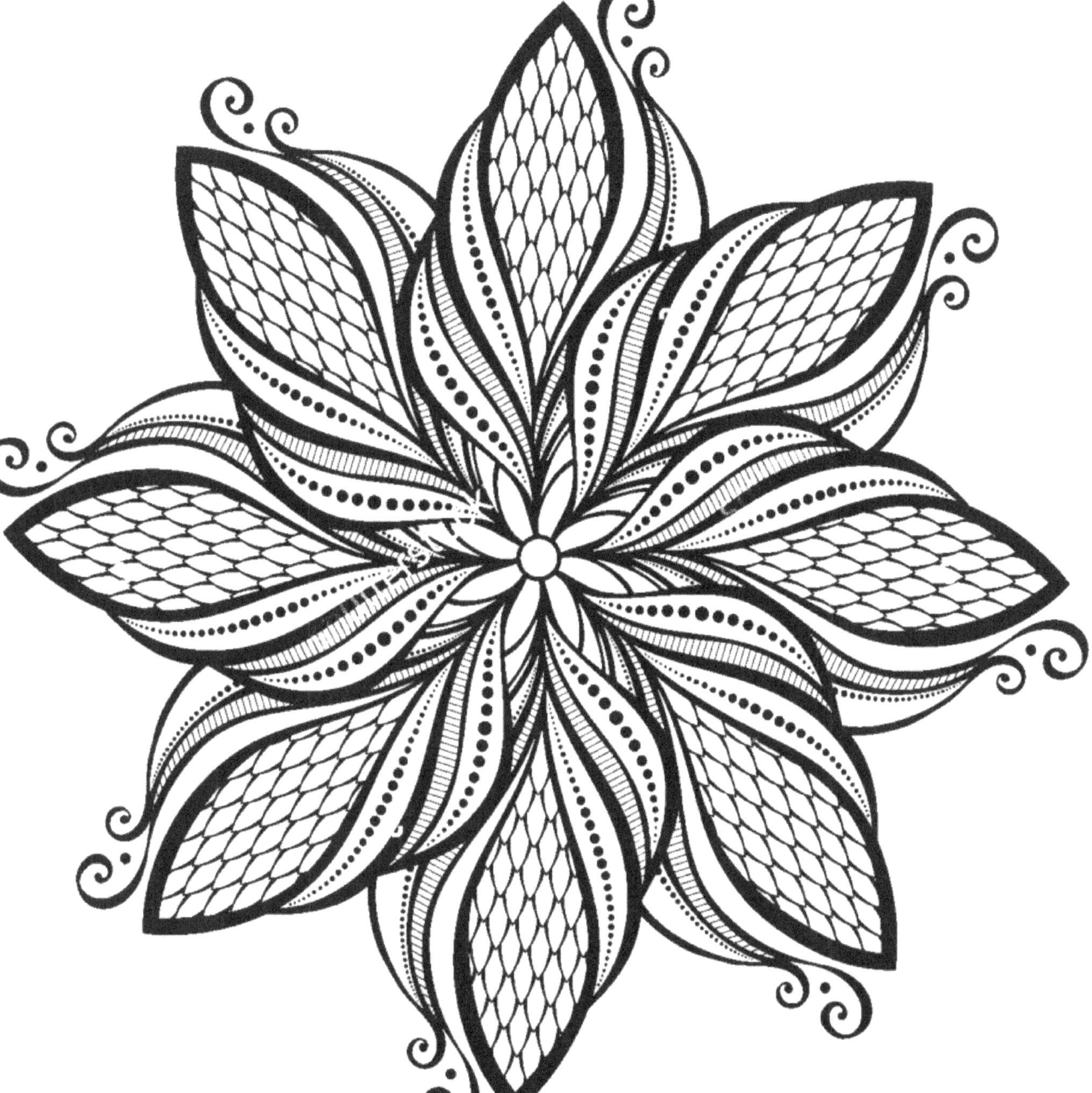

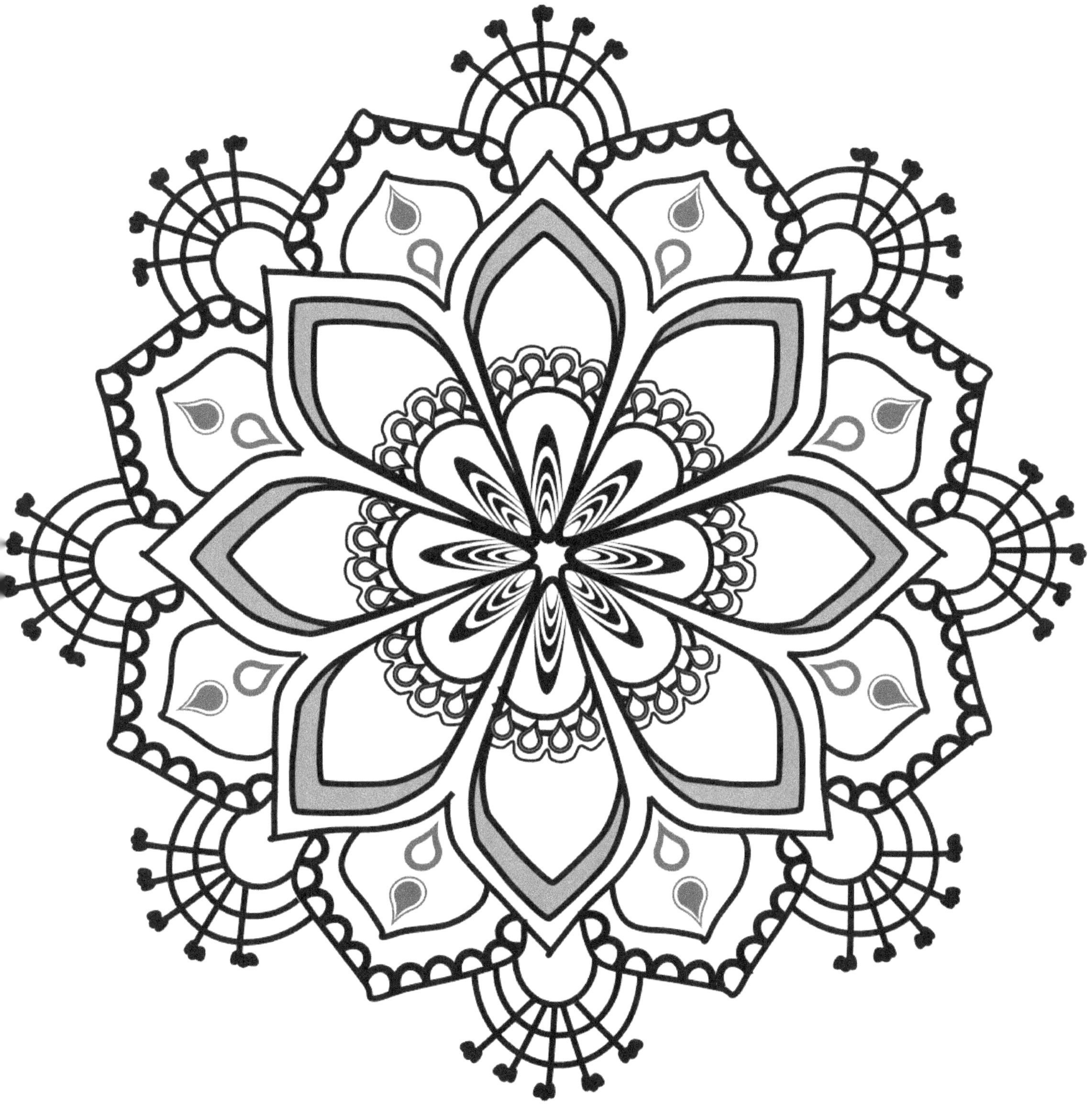

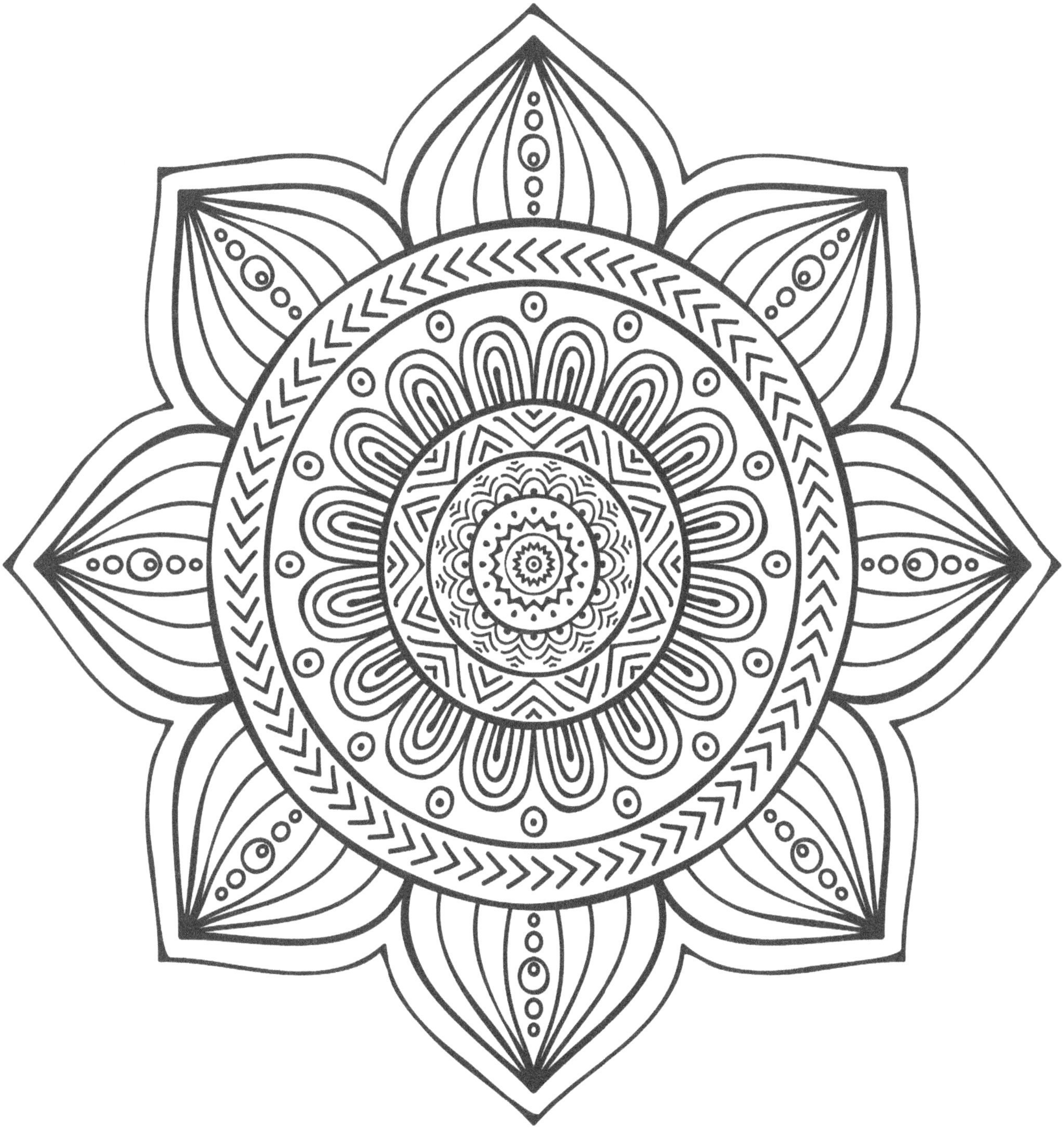

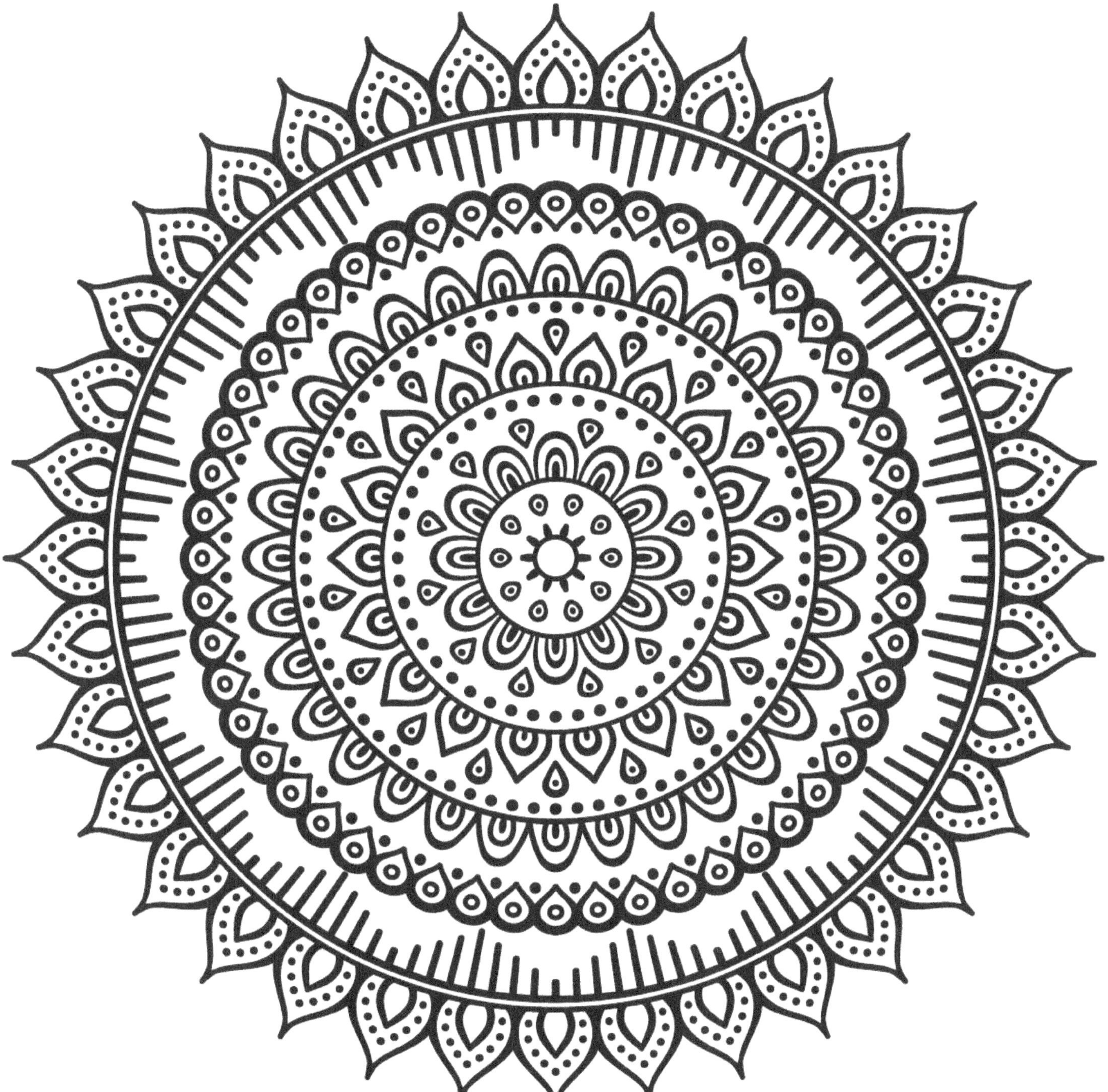

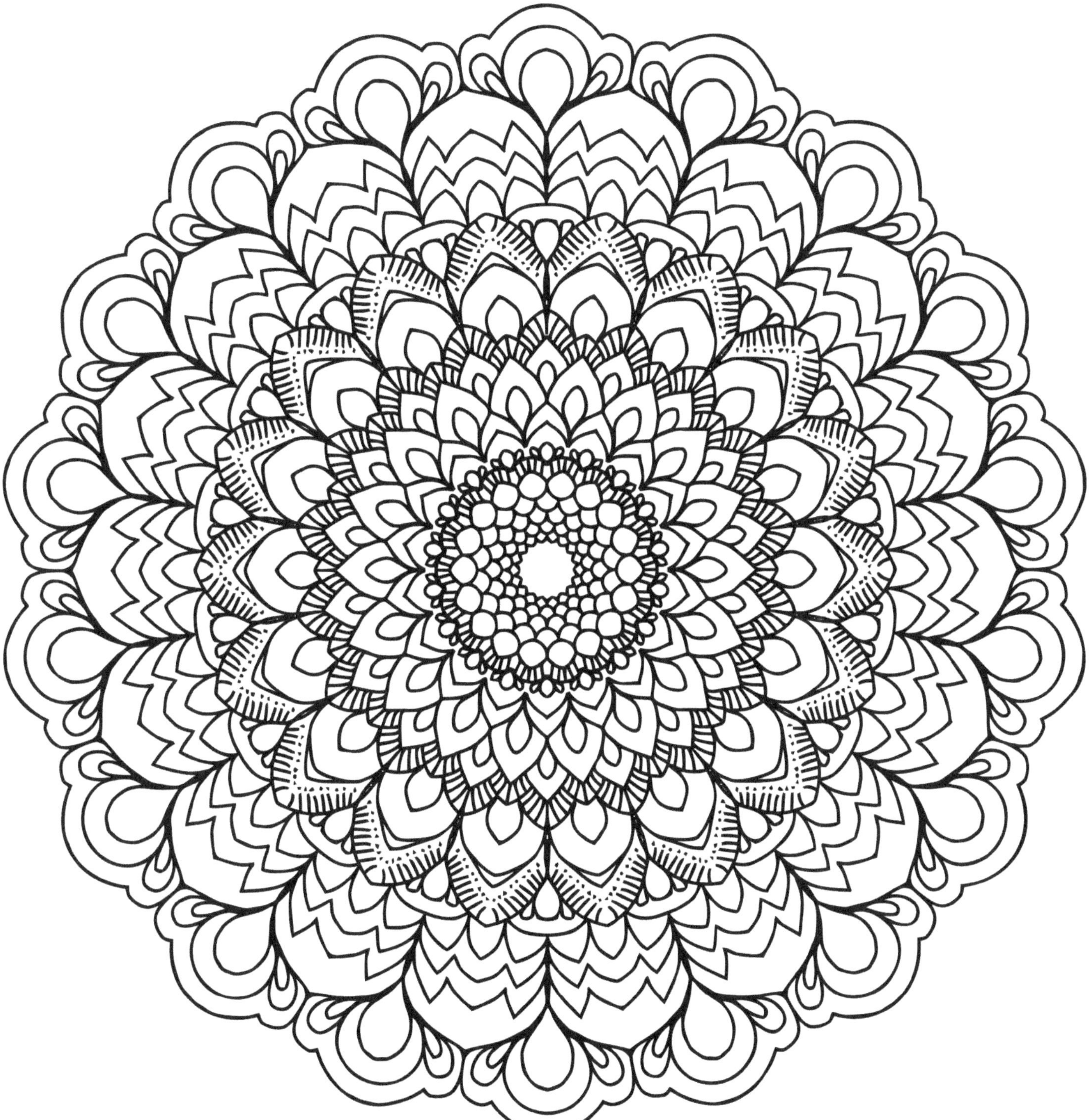

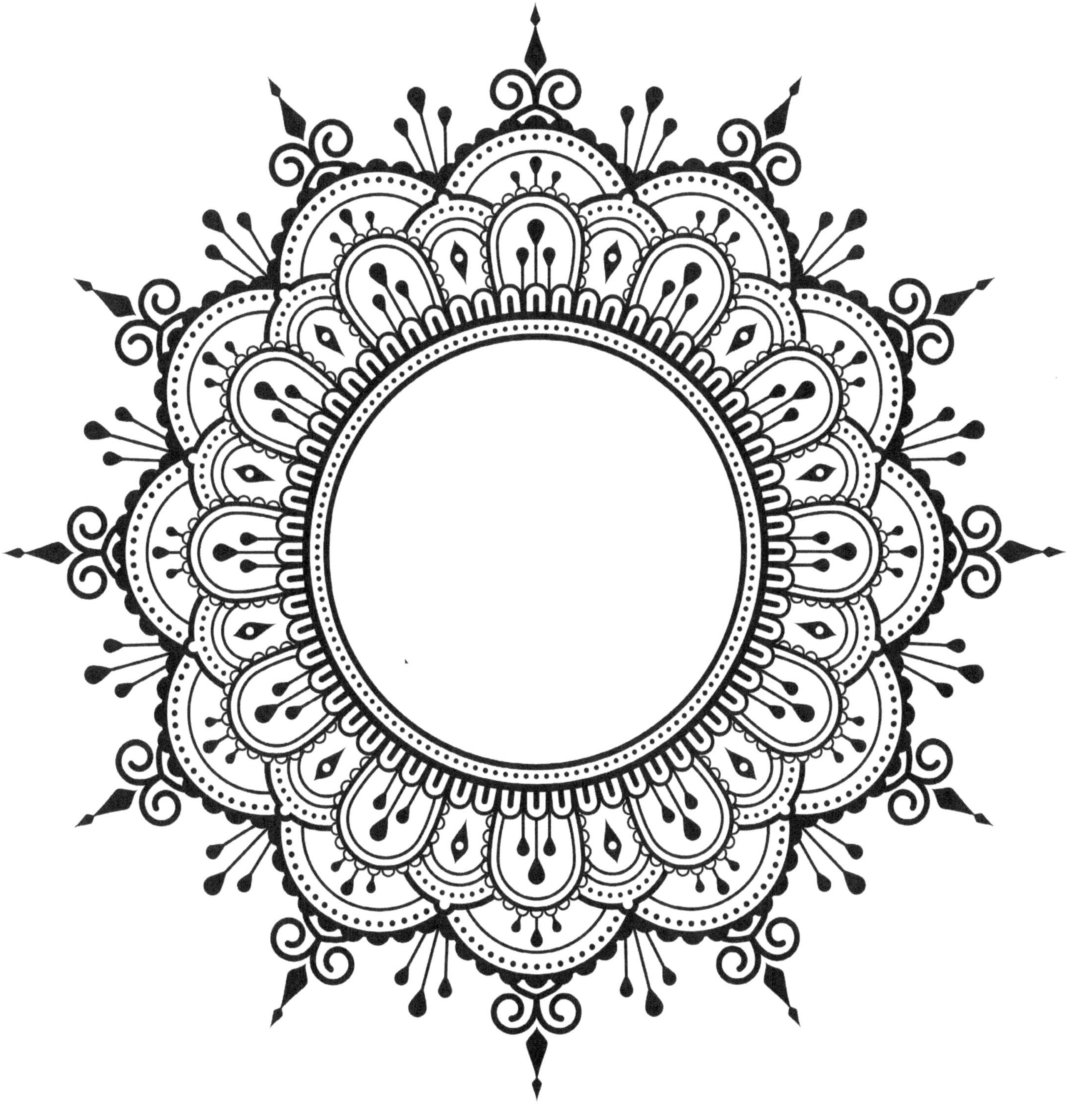

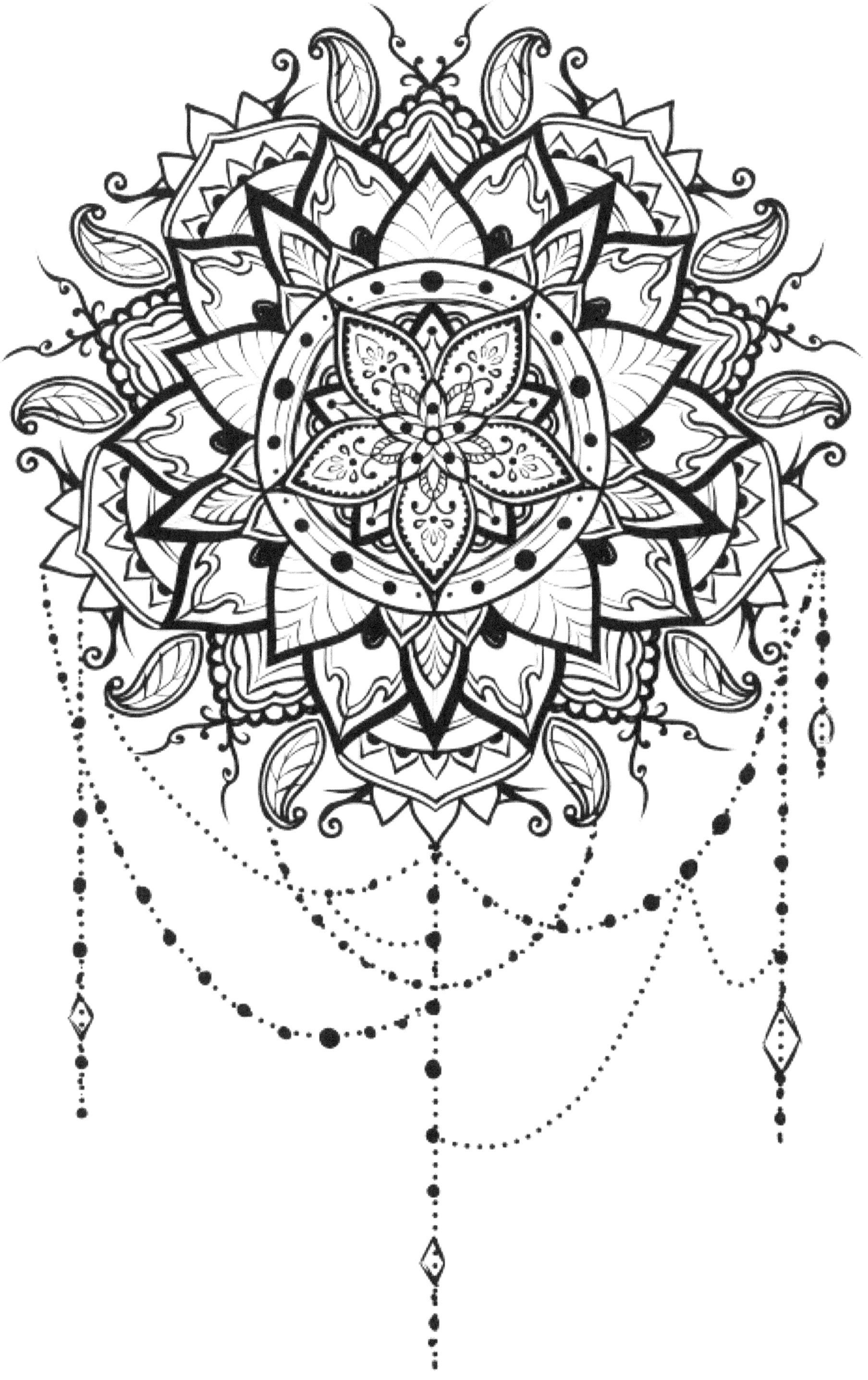

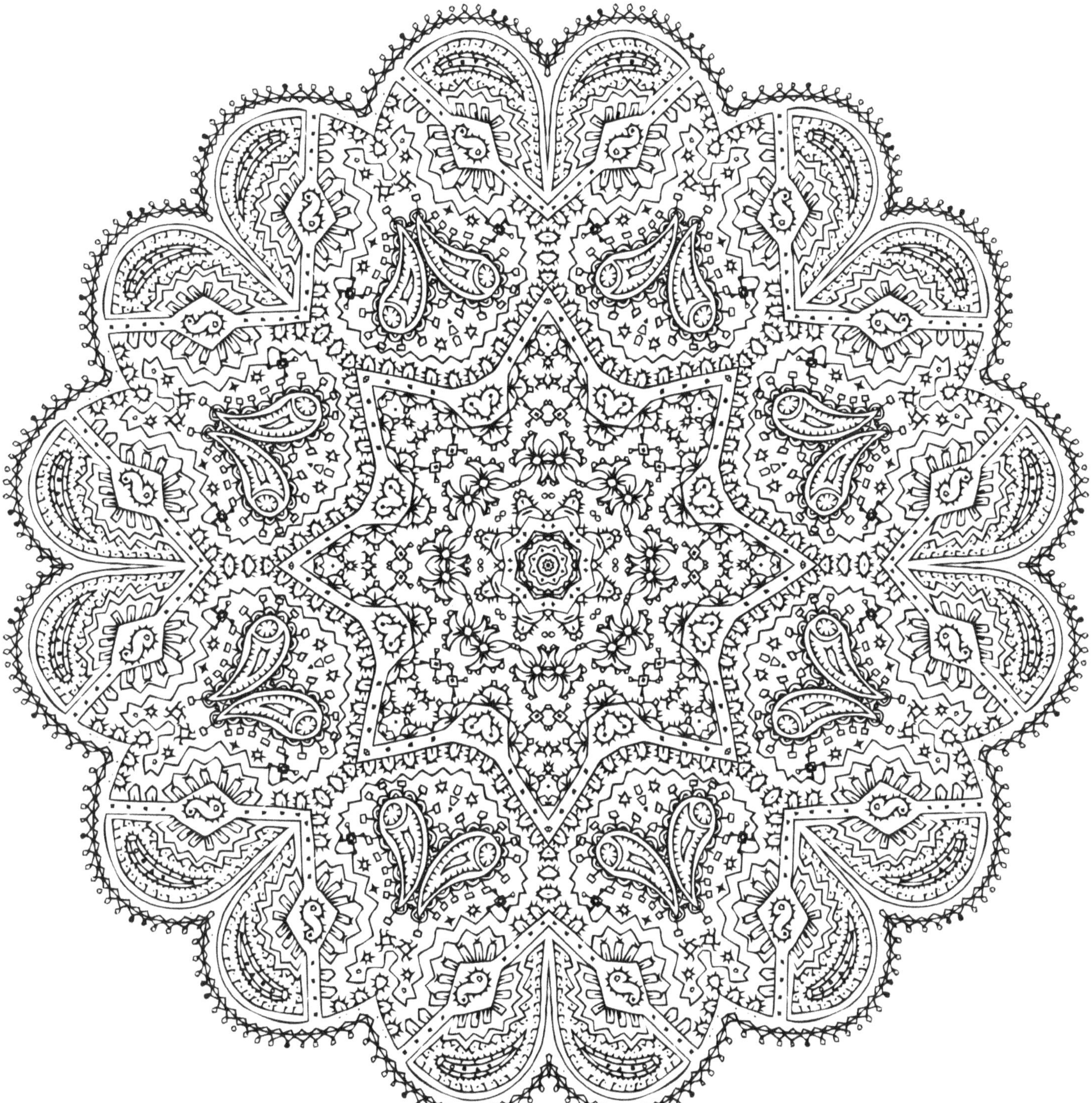

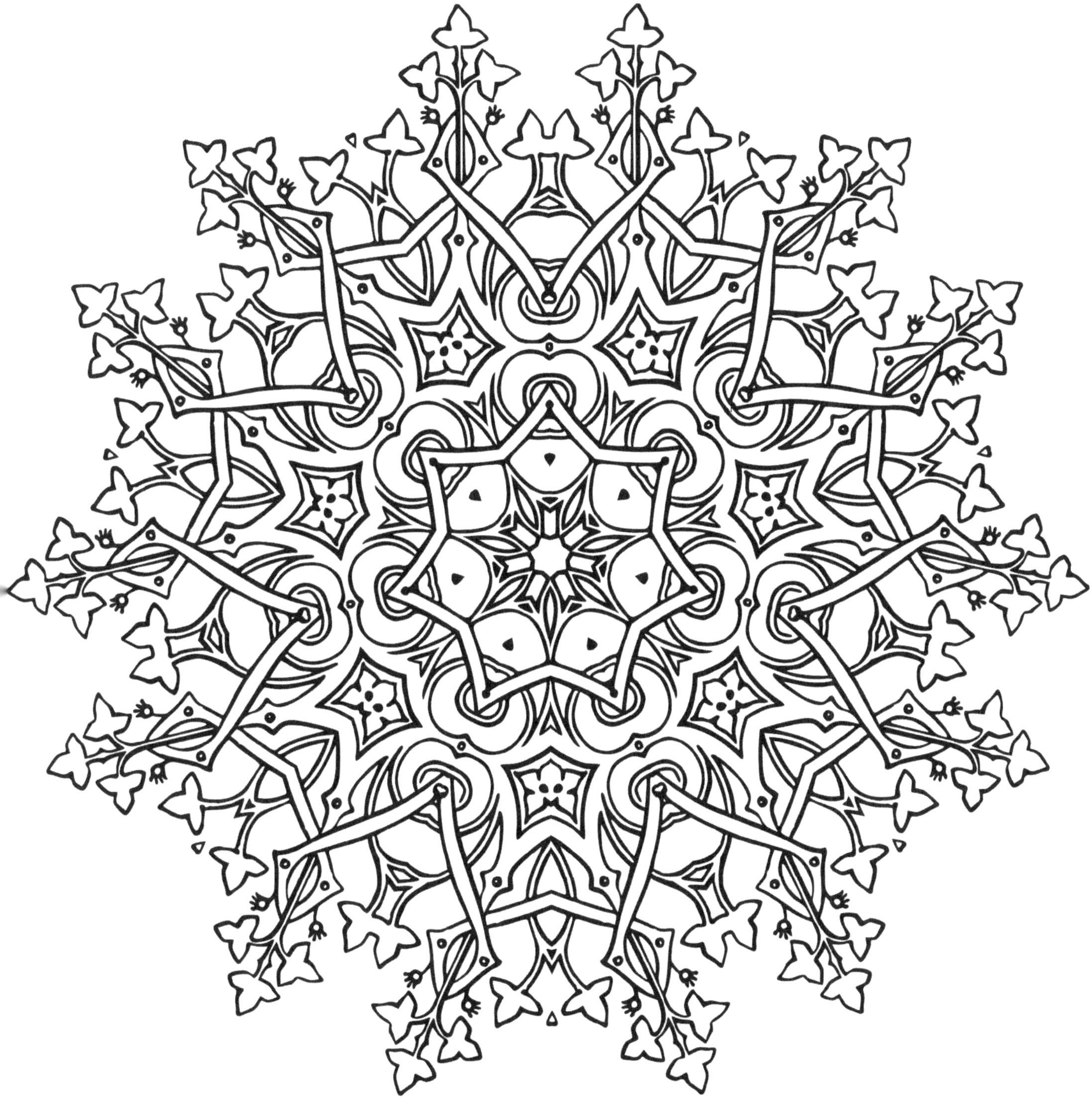

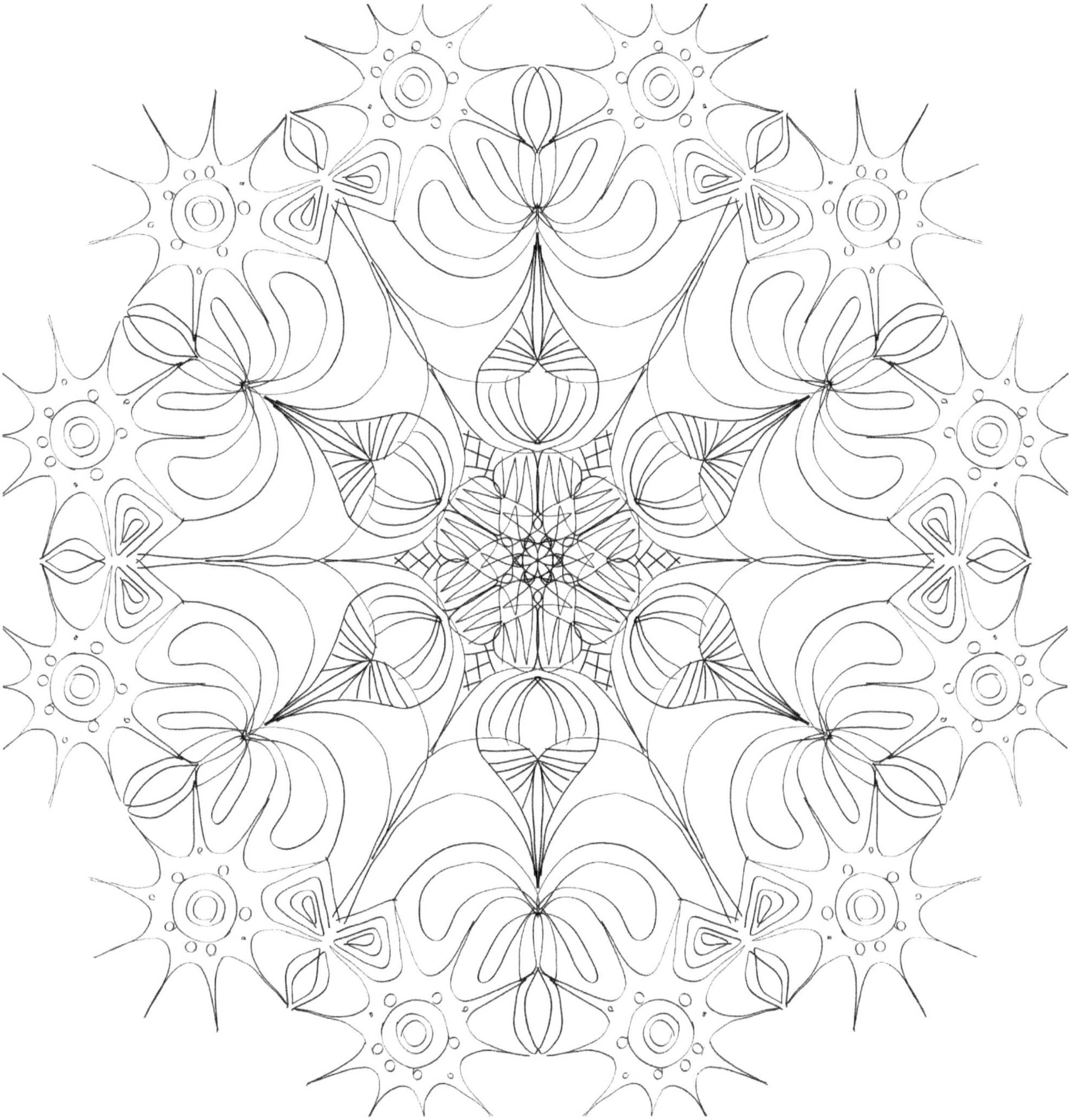

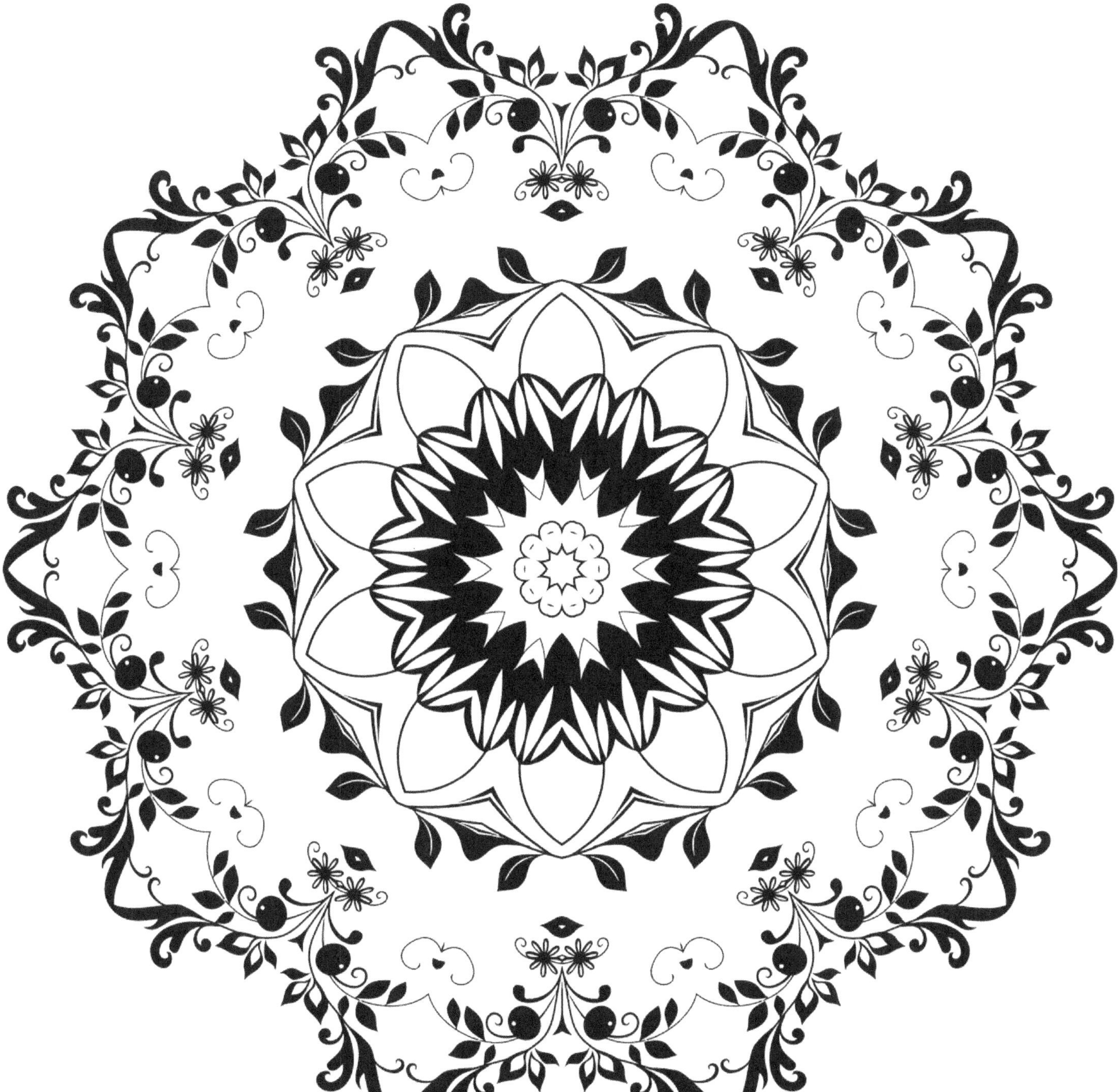

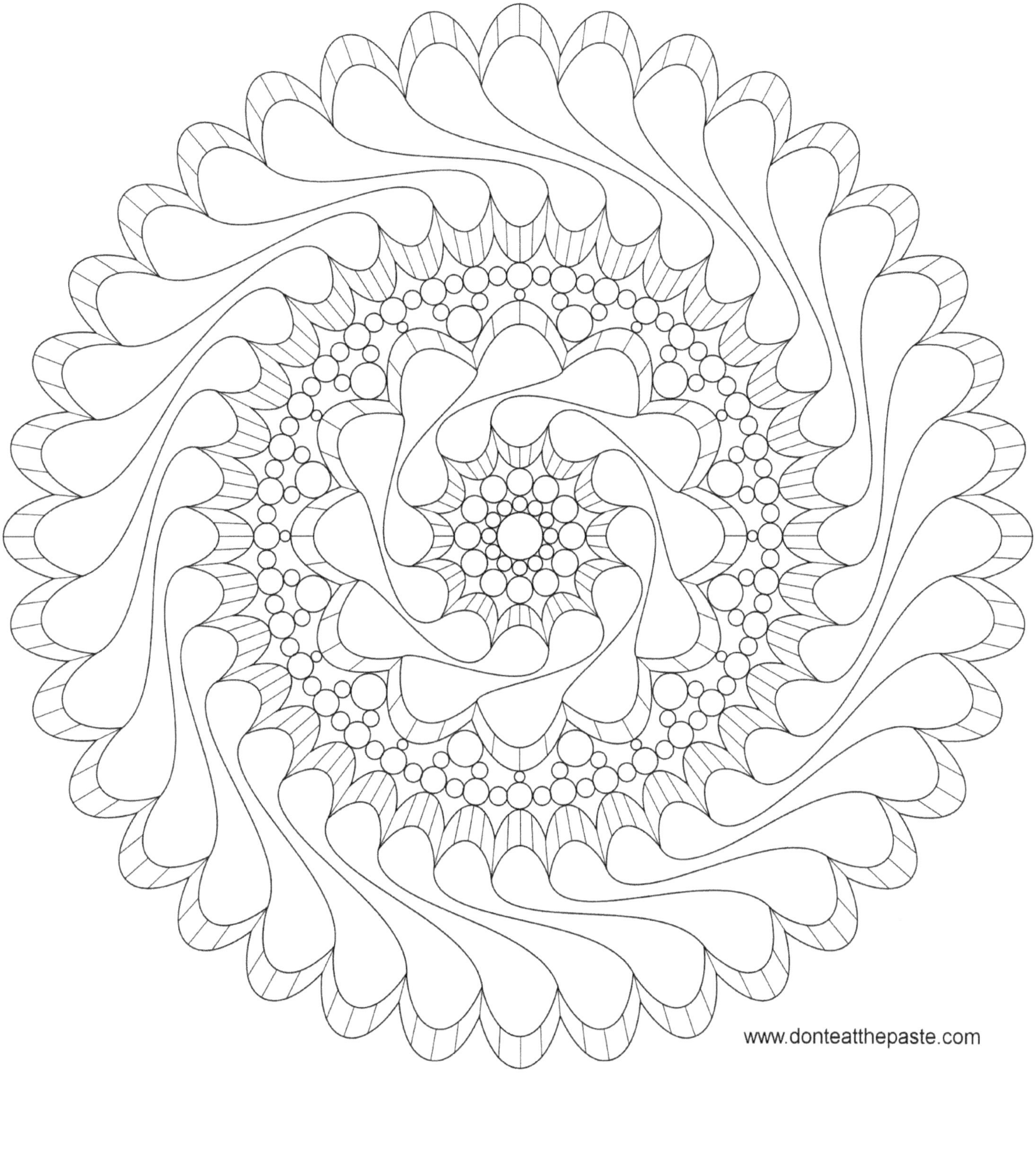
www.donteatthepaste.com

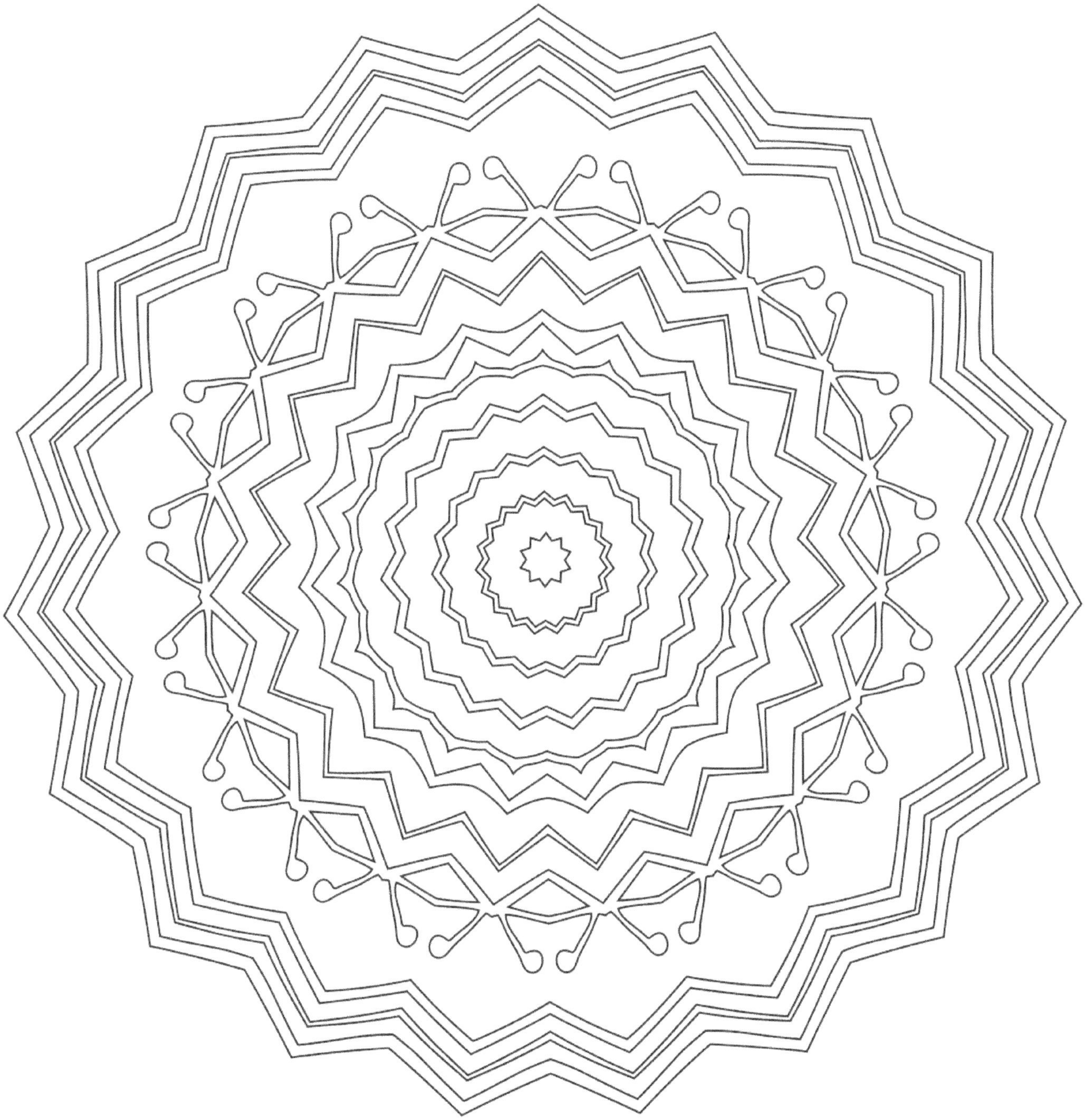

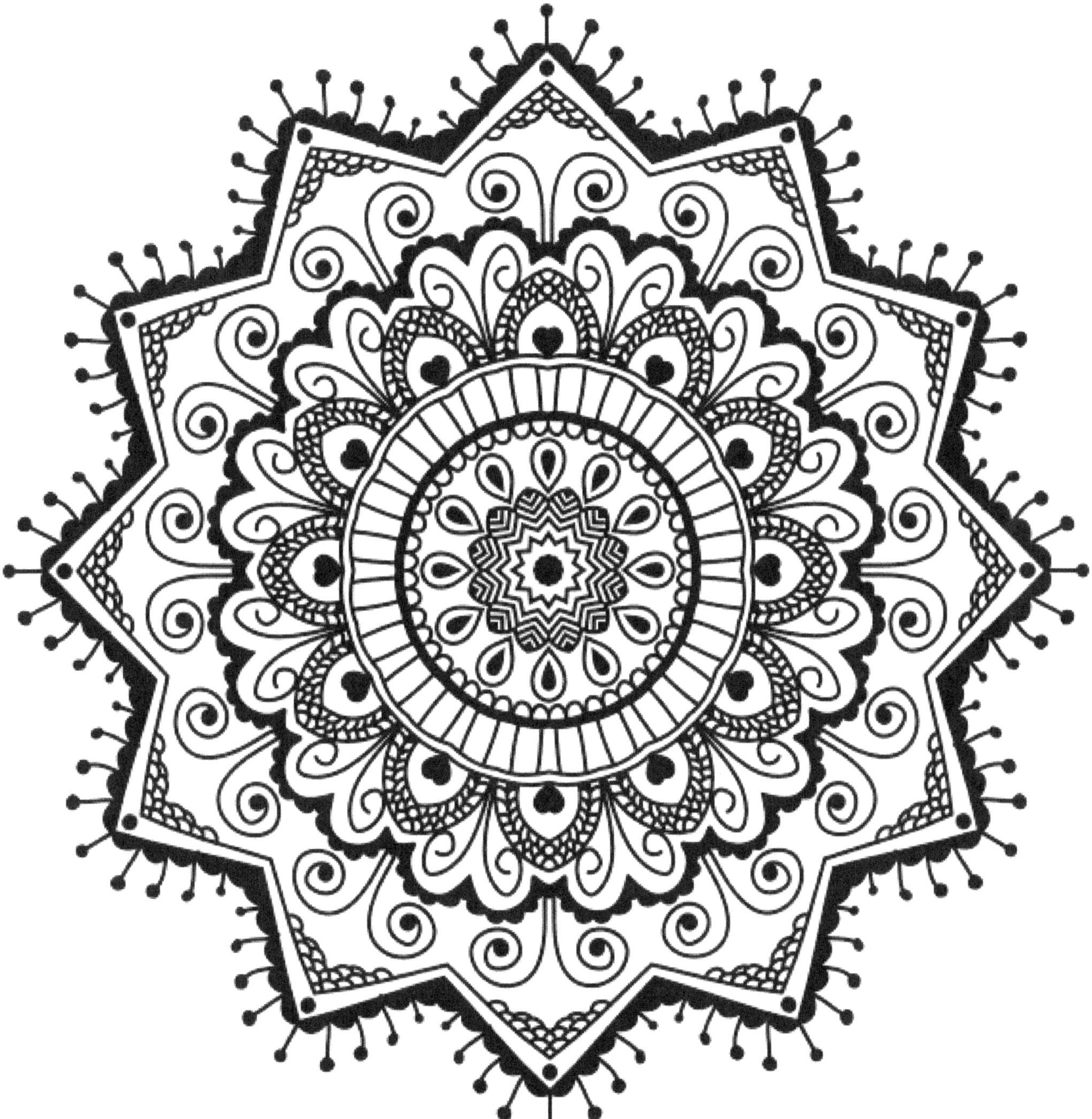

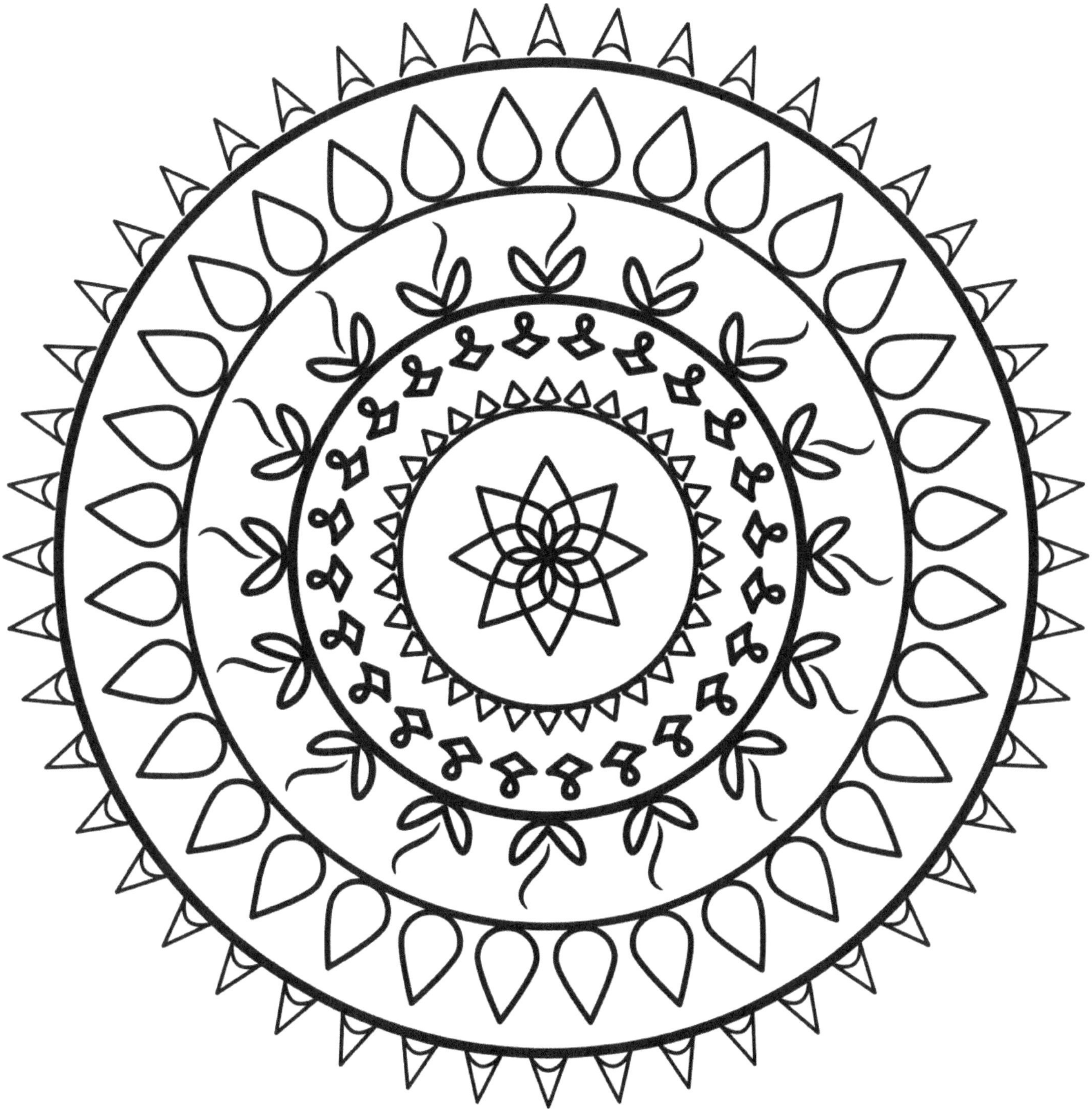

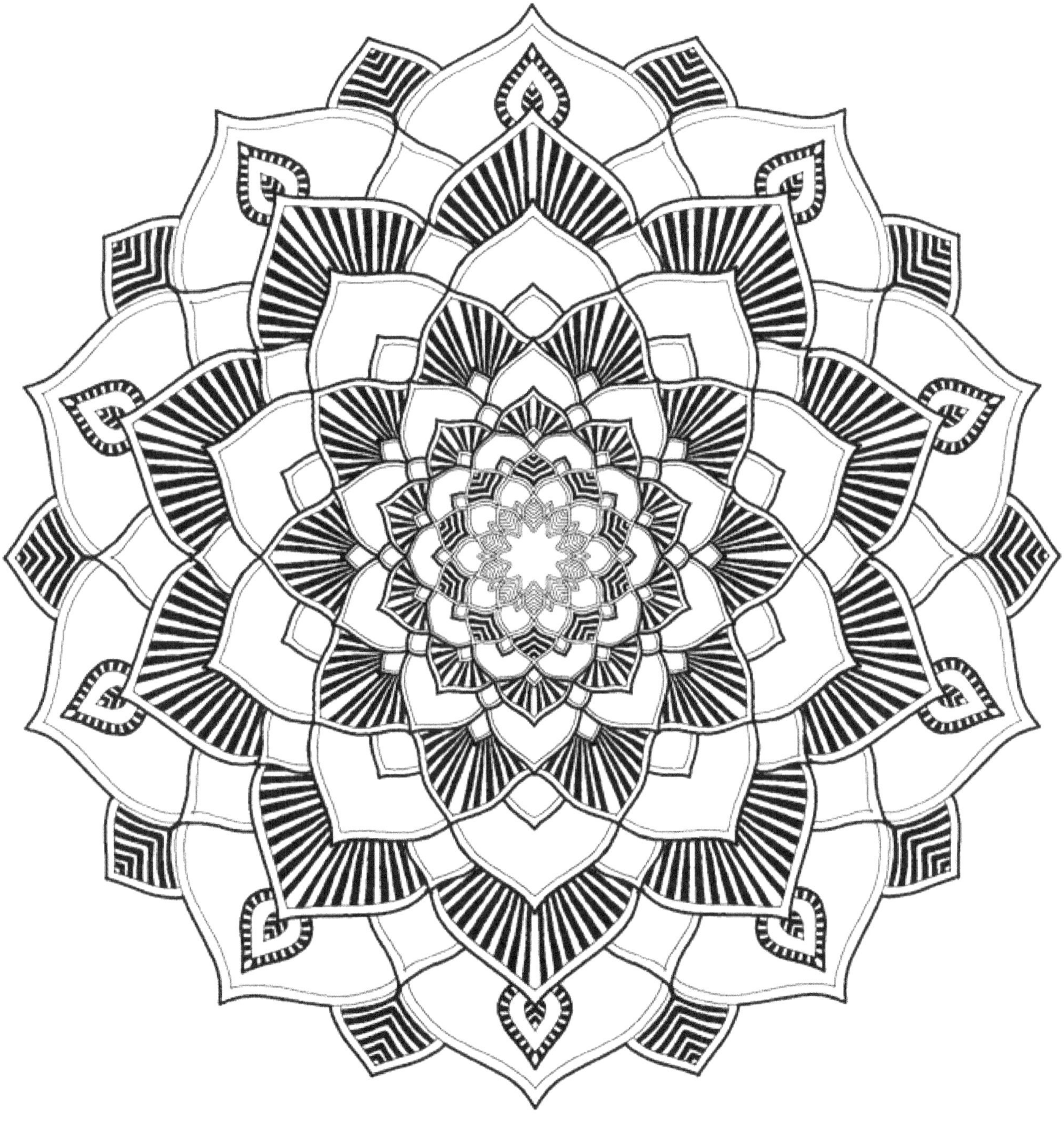

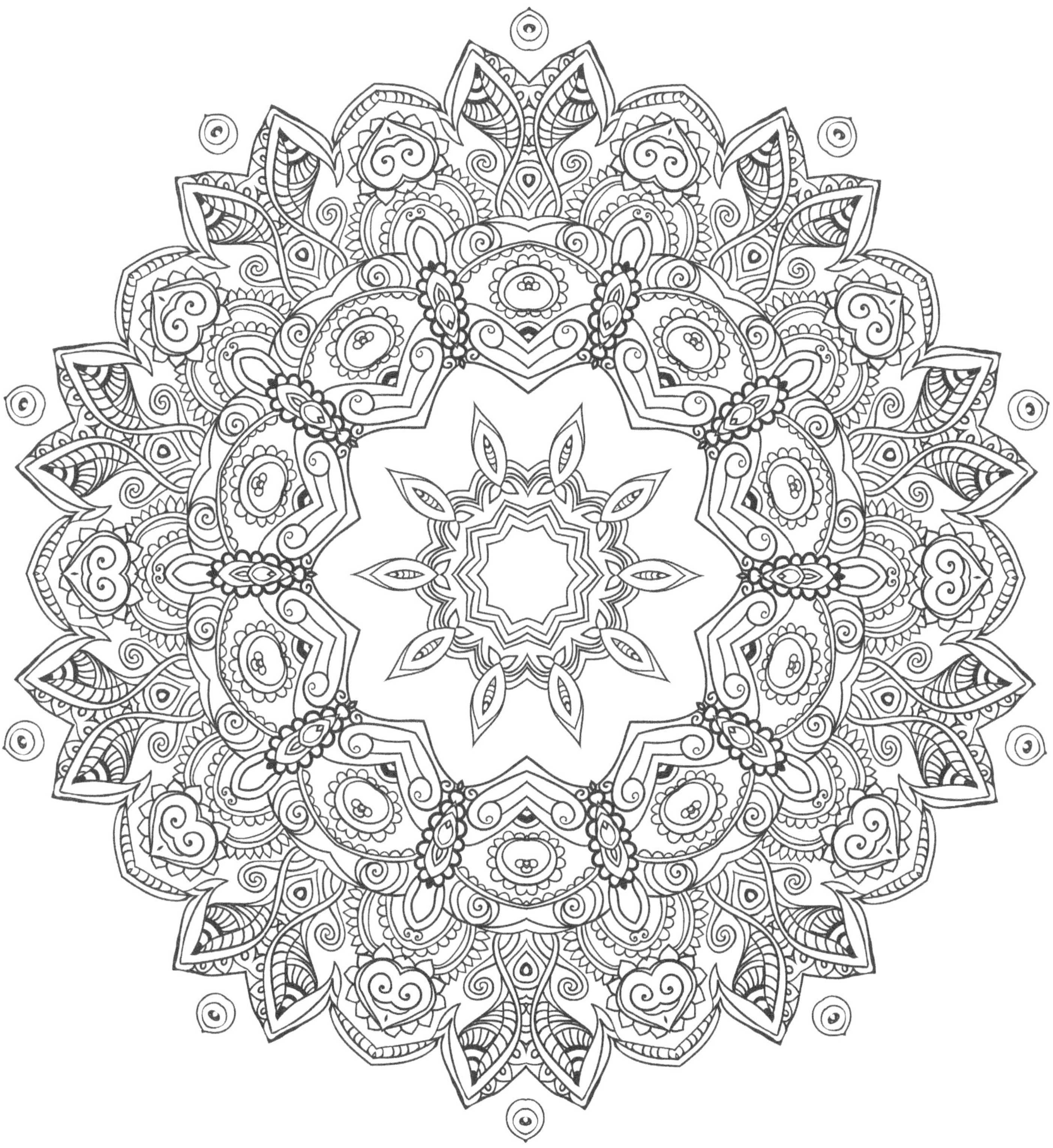

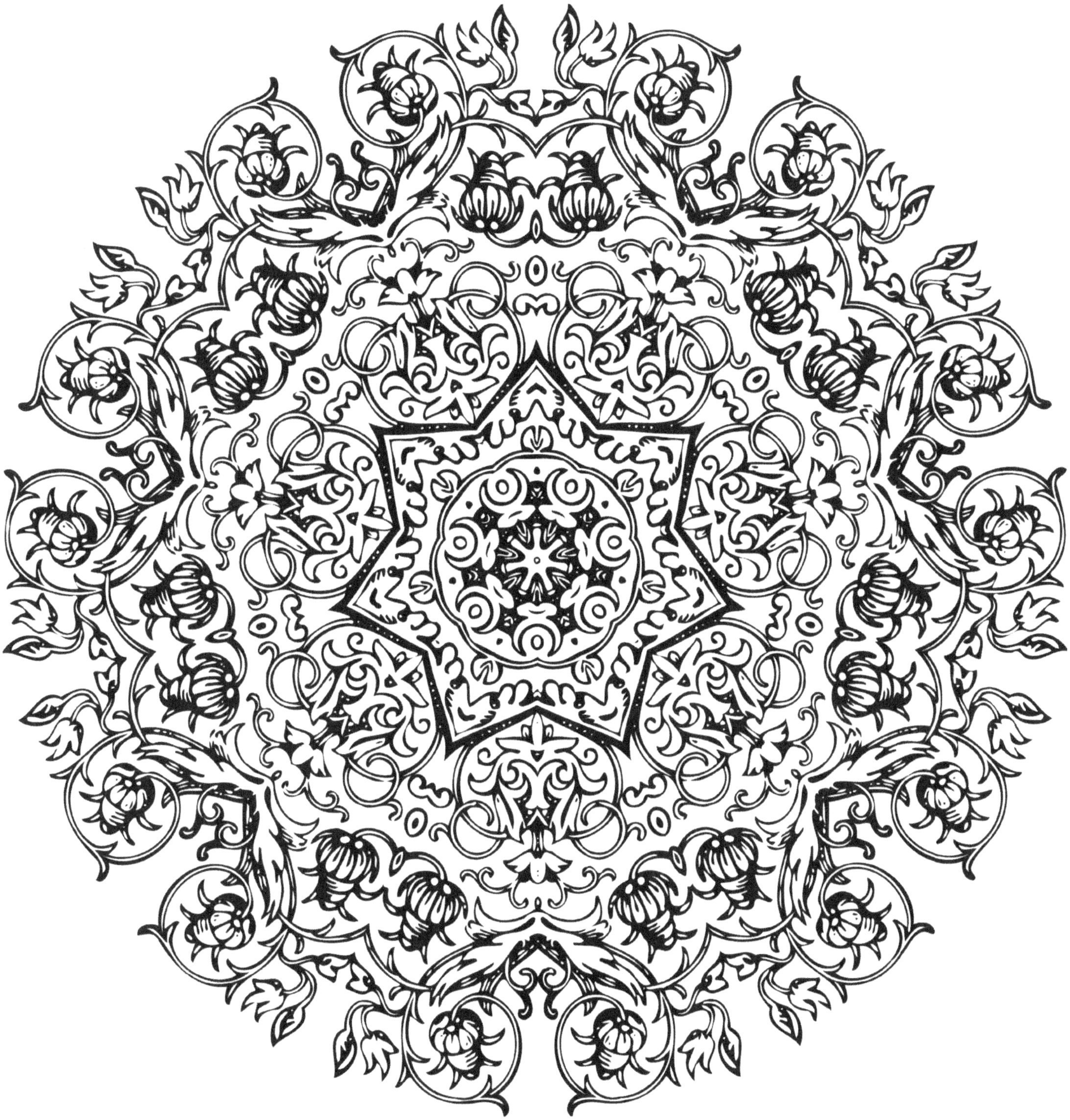

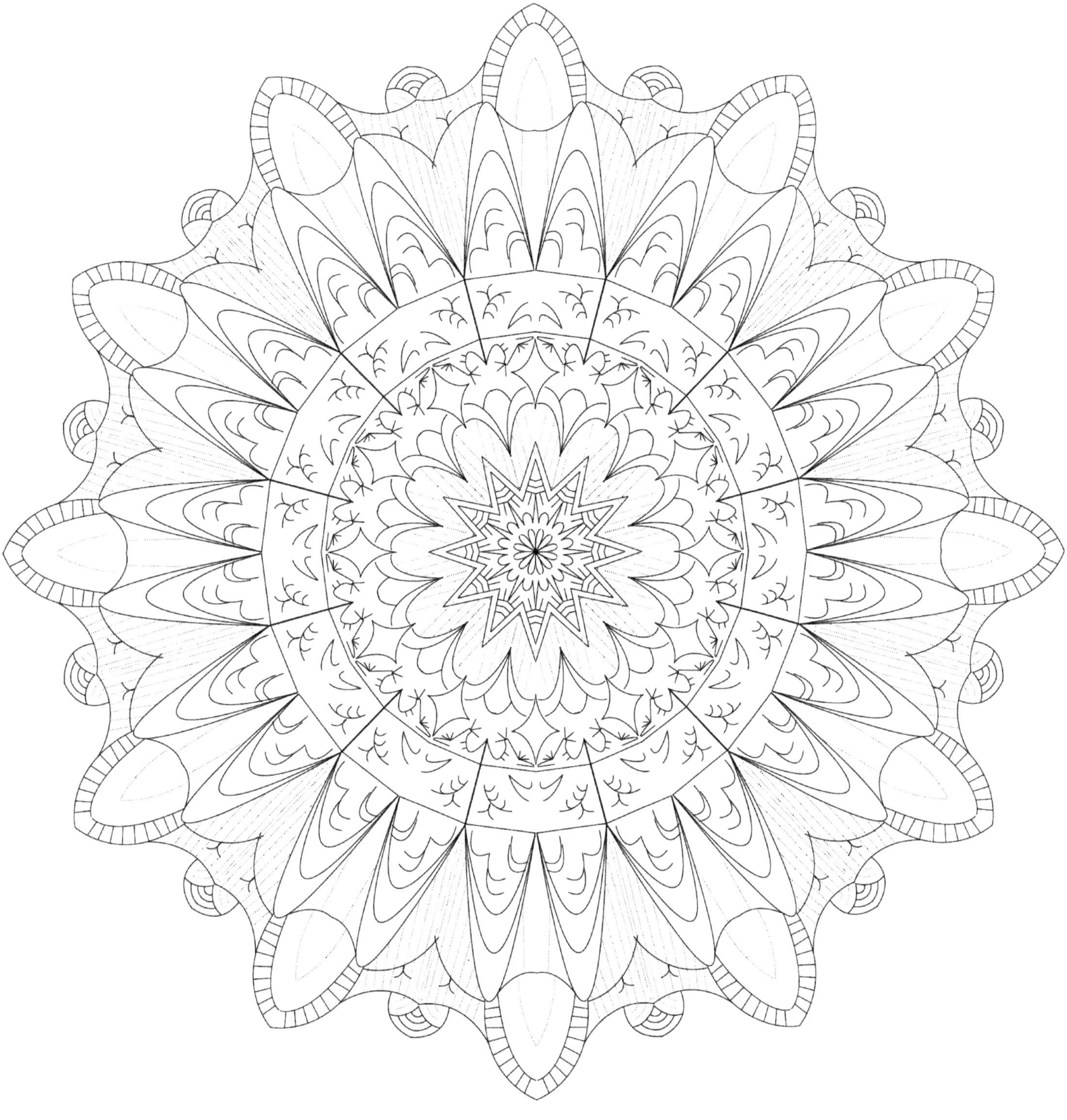

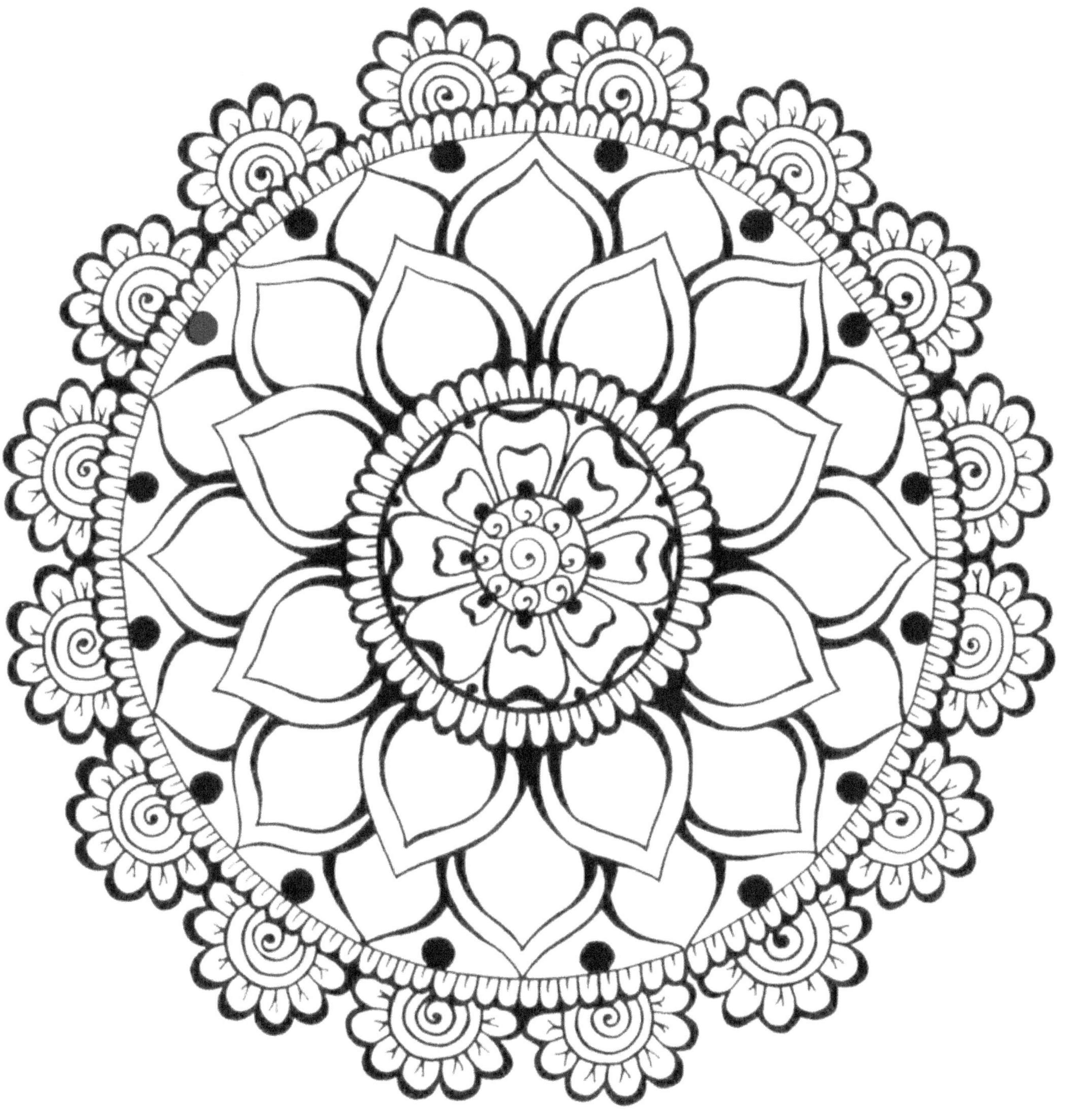

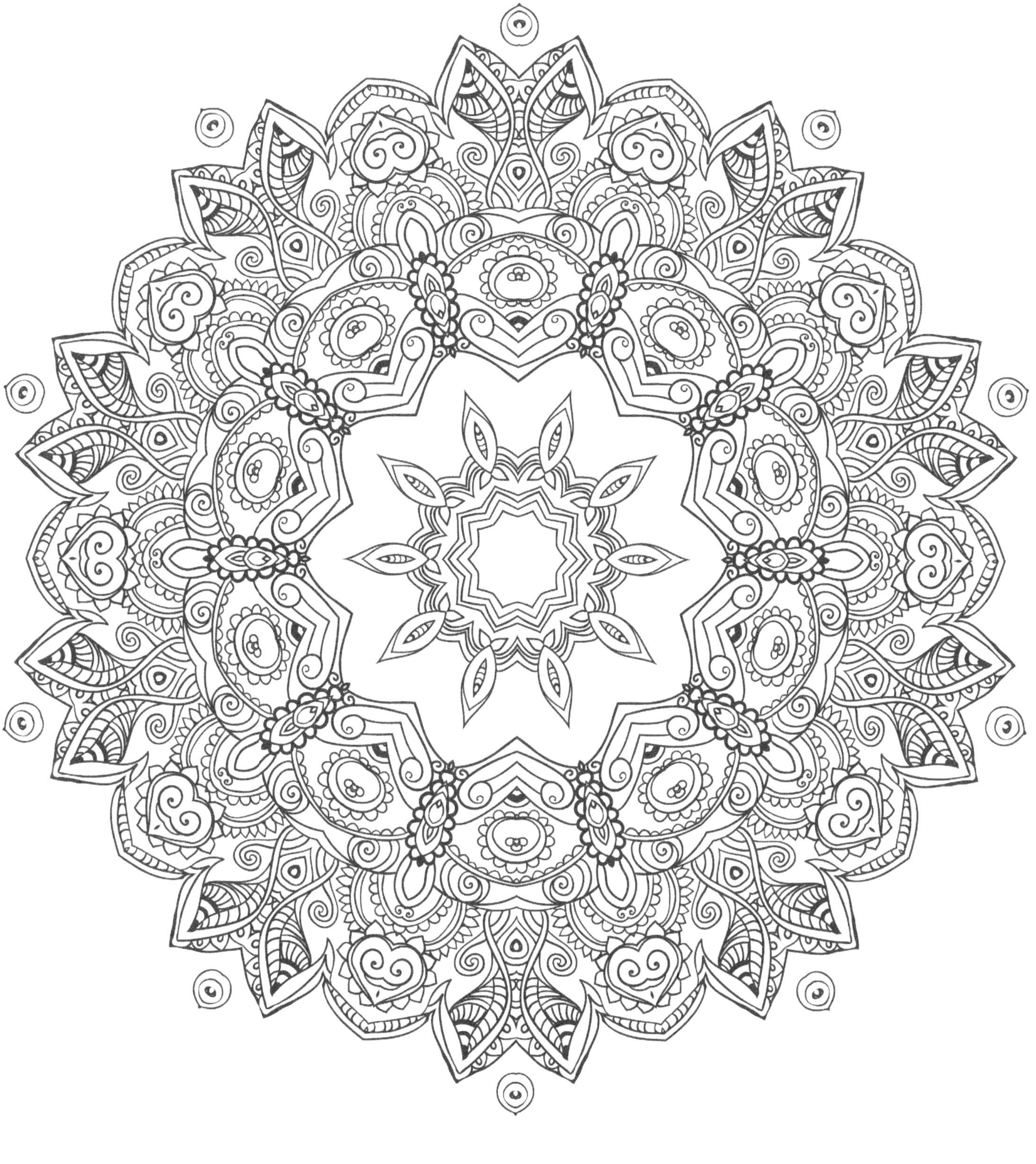

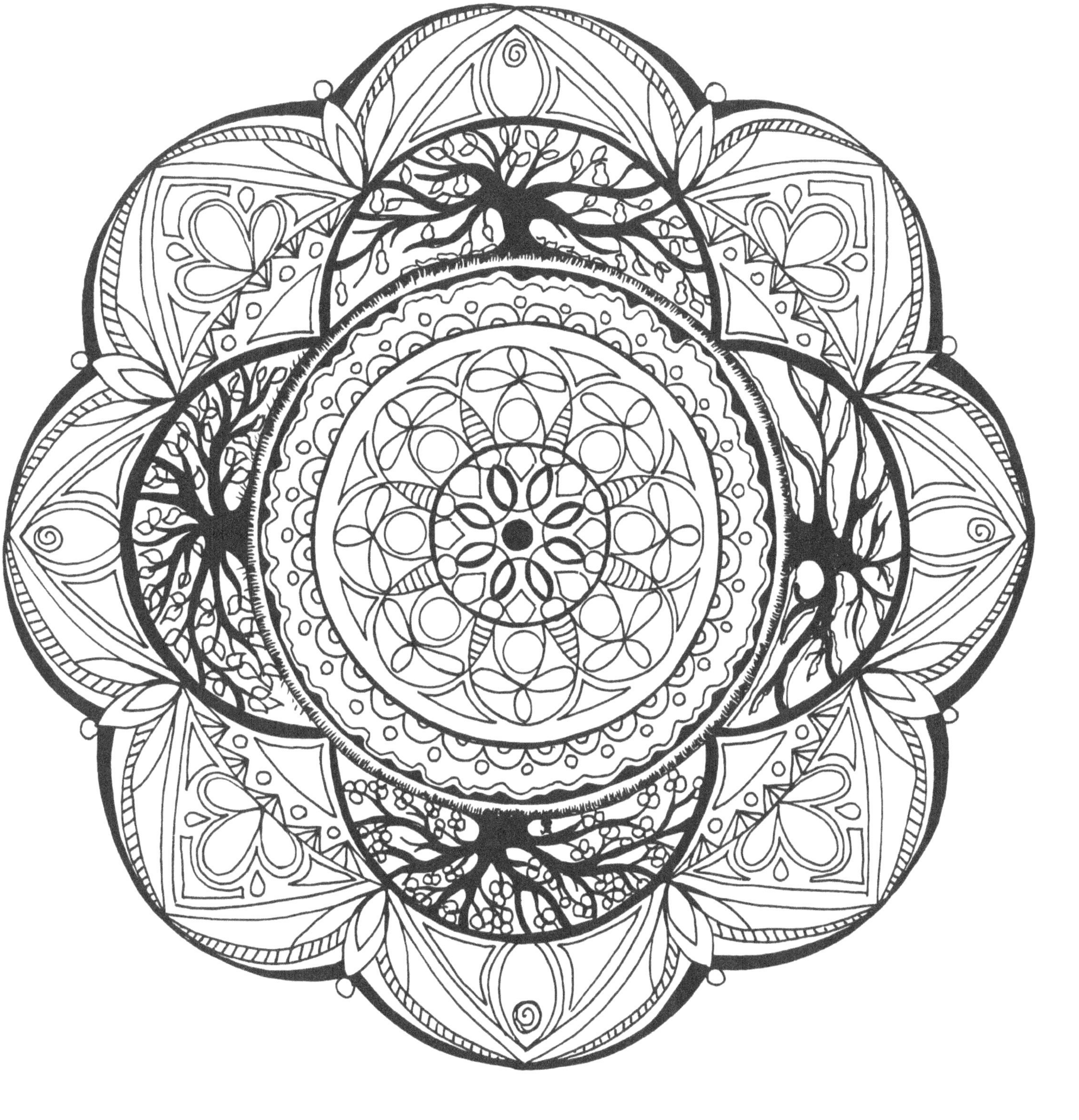

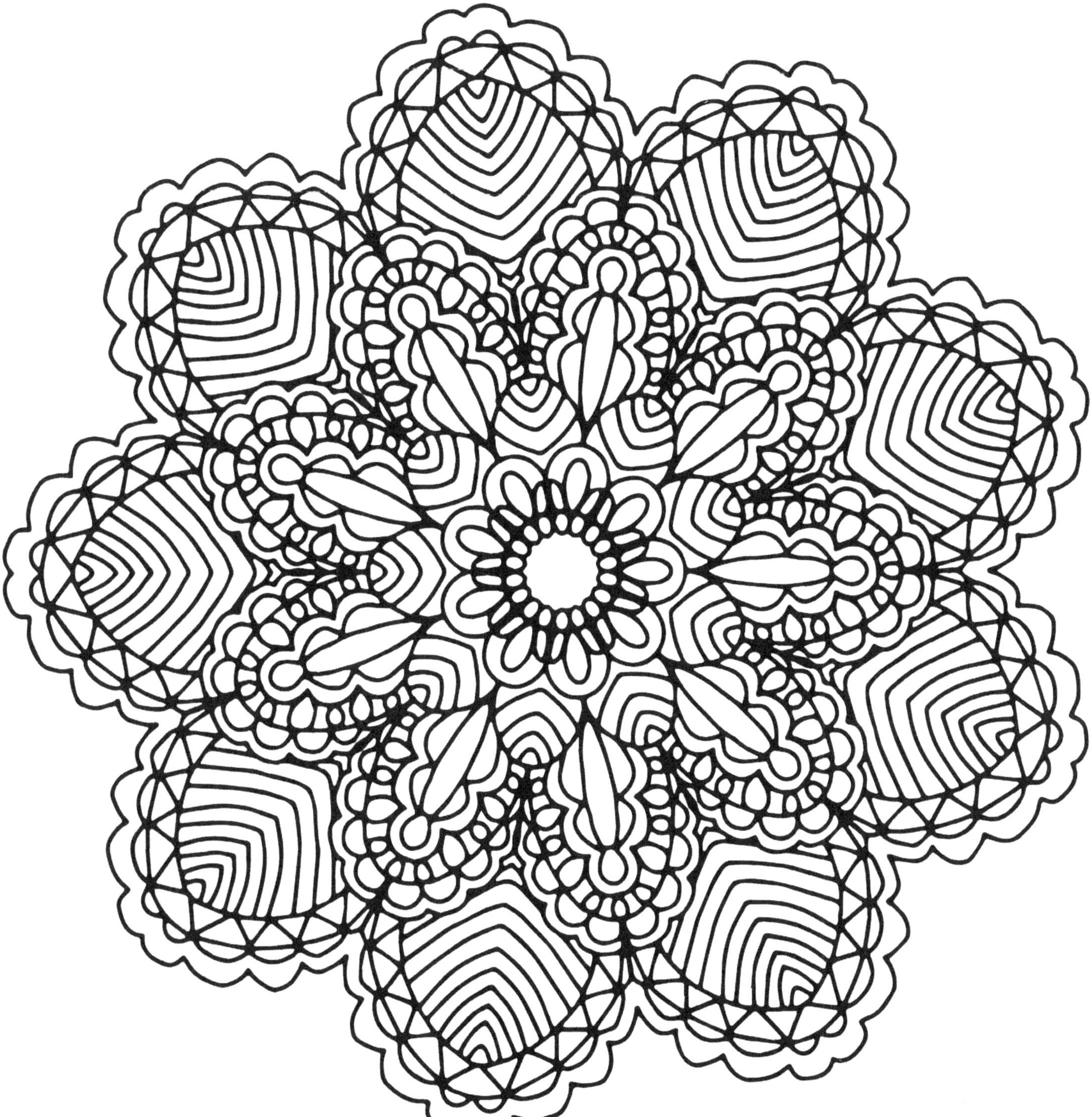

www.ingramcontent.com/pod-product-compliance
Lightning Source LLC
Chambersburg PA
CBHW081524220526
45467CB00010B/3038
9798698708872